Passé composé

Serge Camaille

Passé composé

Editions Marivole

« J'ai la mémoire qui flanche, j'me souviens plus de rien. »

Prologue

Afin de passer le temps, j'essayais de déterminer la couleur du plafond. Blanc ? Non, pas blanc... Gris ? Non plus... Blanc sale ? Non, il n'était pas vraiment sale... Alors ? Beige ? Non, je connais, comme couleur, beige... Je dirais plutôt vieux blanc, ou mieux encore, blanc passé. Il aurait bien besoin d'un bon coup de peinture pour retrouver son lustre.

Voilà à quoi je m'occupais, en attendant. Le pire, c'est que je ne savais pas ce que j'attendais. Couché sur ce qui me semblait être un lit, mon champ de vision se limitait à ce plafond. J'avais beau rouler des yeux, j'arrivais tout juste à apercevoir un haut de mur, blanc passé lui aussi. J'avais la tête bloquée dans je ne sais quoi, les mains apparemment attachées le long du corps. Où pouvais-je bien être ? Dans un hôpital, certainement. Je sentais des aiguilles enfoncées dans mes deux bras. J'avais mal au nez, je sentais mes lèvres toutes sèches. Mais comment avais-je atterri ici ?

Le bruit d'une porte qu'on ouvre stoppa mes interrogations. Des pas feutrés s'approchaient de mon lit. Je me sentis rassuré : mon ouïe était intacte. Une tête entra dans mon champ de vision : celle d'un vieil homme souriant, cheveux blancs rares, fines lunettes cerclées d'or grossissant deux yeux d'un bleu délavé... Enfin, quand je dis vieux : soixante ans, peut-être soixante-cinq... Le son de sa voix possédait une douceur exceptionnelle, rassurante. Par contre, ses propos me semblèrent d'entrée incohérents :

- Bonjour monsieur Baptiste. Enfin réveillé ? Comment vous sentez-vous ?

De quel nom m'affublait-il, lui ? Baptiste ?... Je m'appellerais Baptiste ? Là, ça m'étonnerait, il devait se tromper de patient. Mais au fait, comment m'appelais-je ? Je ne me souvenais plus !... Mais sûrement pas Baptiste ! Ridicule comme nom... L'inquiétude commençait à me gagner. Afin d'en savoir plus, je me contentai de répondre :

- Ça va...

Je fus à ce moment-là surpris par le son de ma voix. Par mon élocution difficile, aussi. Et saisi par la douleur que m'arrachèrent ces deux simples mots. Le vieil homme poursuivit :

- Bon... Je suis le docteur Lambert. Vous savez que vous nous avez fait peur ?... Enfin, vous êtes réveillé et votre état me semble cette fois rassurant...

Je ne pus m'empêcher de le couper en articulant difficilement :

- Que m'est-il arrivé ?

Le médecin se redressa et disparut de mon champ de vision. J'avais pu néanmoins fugacement lire l'étonnement sur son visage :

- Ce qui vous est arrivé ? Vous ne vous souvenez pas ?

-Euh... non !

- Vous avez eu un accident de la circulation. Vous avez été accroché par un petit camion tandis qu'il vous dépassait...

Accroché comment ? Son explication restait vague pour moi et n'éveillait aucun souvenir. Je me contentai de lui faire préciser, avec le moins de mots possible :

- Mais encore ?

- Que vous dire ? Vous rouliez sur la petite route de l'étang du Puits sur votre mobylette quand un fourgon vous a happé en se rabattant sur vous. Je n'en sais pas plus...

Mobylette ? Je n'ai jamais eu de mobylette !... Étang du Puits ? Je ne connais pas cet étang !... Je tentai de n'en laisser rien paraître en posant une nouvelle question :

- Et alors ? Que m'a occasionné cet accident ?

Il réapparut dans ma sphère visuelle, avec un léger sourire :

- Rien de bien grave, cette fois ! Enfin, un léger traumatisme crânien, une dent cassée, vos deux lèvres éclatées, une épaule démise et un pied cassé. Ainsi qu'un gros hématome sur la colonne vertébrale au niveau des lombaires, d'où la minerve, par précaution. Demain, on vous l'enlèvera, je pense.

- Rien de grave, dites-vous ? Quand même !

- Oui, quand même, mais comparé à la dernière fois...

La dernière fois ? Mais à quoi faisait-il allusion ? Je ne comprenais rien ! Là, il fallait que je sache :

- Parce que vous m'avez déjà vu ? Où sommes-nous, d'abord ?

- Nous sommes à l'hôpital de Gien. Et je vous connais, bien sûr, monsieur Baptiste. Vous ne vous souvenez pas de moi ? Pourtant...

Je sentais à nouveau poindre de l'inquiétude dans sa réponse. Donc, il me connaissait, mais d'où me connaissait-il ? J'y allai d'une autre question :

- Il y a longtemps que je suis ici ?

- Mais non ! Depuis hier après-midi. Vous sortez tout juste de l'anesthésie due à la broche qu'on vous a posée au pied.

Je le sentais pensif dans ses propos, le docteur. Il ajouta :

- Vous savez quel jour on est ?

- Je crois, oui. Si je suis là depuis hier, on est samedi !

Il n'approuva ni ne désapprouva :

- La date, je voulais dire...

- Euh... le vingt-cinq juin... Pourquoi cette question ?

Il ne me répondit toujours pas directement, et poursuivit :

- Et de quelle année ?

Il commençait à m'agacer avec ses questions débiles !

- 1962, évidemment !

- Je vois...

Que voyait-il ? À quoi pouvait lui servir le fait de me demander la date ? Devenait-il sénile, le toubib ?

- Que voyez-vous, docteur ?

- Rien... Rien de méchant ! Ce doit être passager... C'est juste un peu embêtant.

Il continuait à me parler chinois. Comme je ne disais plus rien, il parla encore :

- Il y a votre ami qui attend votre réveil depuis hier. Je vais le laisser vous voir quelques instants, si vous voulez... Je repasserai ce soir.

Un ami ? Quel ami ? Je n'avais aucun ami dans cette ville que je ne connaissais que pour l'avoir traversée... Enfin, je crois, encore une fois. Le vieil homme sortit, me laissant seul quelques minutes avec mes interrogations. Puis la porte se rouvrit...

I

Le pas était plus lourd. Plus décidé. La tête qui entra dans mon champ de vision restreint faillit me faire peur. Des traits taillés à coups de serpe, un nez disproportionné, deux petits yeux verts rigolards, des centaines de taches de rousseur qui envahissaient un visage ingrat surmonté d'une foisonnante chevelure flamboyante. C'était lui, mon ami ? Je me faisais une autre idée de mes amis. Surtout, je ne les voyais pas aussi laids ! Par contre, le sourire était franc et rassurant :

- Tu m'as fait peur, Jeannot, fi d'putain !

Encore un nom ridicule ! Lui m'appelait Jeannot, comme un lapin. Je décidai de ne pas répondre tout de suite pour le laisser continuer. Malheureusement pour moi, il se contenta de poser la question bête :

- Alors, ça va ? Le vieux toubib m'a dit que c'était pas trop grave.

- Oui, ça va à peu près. Je suis un peu perdu, là... Sans doute les effets de l'anesthésie.

Le petit rouquin sortit de mon espace. Je l'entendais qui tirait une chaise métallique. Il allait s'éterniser :

- T'as pas eu de bol, quand même ! Tu sais que je pourrais être à ta place, là ? Heureusement, ma chiotte roule plus vite que la tienne ! J'ai juste entendu un gros *boum* !, alors je m'suis retourné et j't'ai vu la gueule par terre. Puuutain, c'que j'ai eu la trouille ! J'ai ben cru que t'étais mort, dis donc !

J'allais enfin avoir des détails sur ce qui s'était passé. Il fallait que je le fasse continuer :

- Parce que vous... Tu étais avec moi ?

- Ben oué ! Tu t'en rappelles pas ? Ça va pas recommencer, quand même !

- Qu'est-ce qui va recommencer ?

- Non, rin... Rin du tout ! T'as raison : c'est sûrement à cause de c'te saloperie de somnifère, là, pour t'opérer. Mais j'vas t'y raconter... Hier, en revenant de la pêche, y'a un gros con qui t'a accroché avec sa petite bétaillère. Il a dit aux flics que c'est parce que la vache a remuait de trop, derrière... Tu parles ! Il était bourré comme une cantine, c't'harnais-là ! Enfin, y'a des autos qui s'sont arrêtées, ils ont averti les pompiers d'Argent, et pis ils t'ont conduit ici. Voilà !

- Mais qu'est-ce qu'on faisait sur des mobylettes ? Pourquoi n'ai-je pas pris ma voiture ?

Je sentis comme une hésitation :

- Ben... Parce que t'en as pas, de bagnole, jarjot ! T'es en train de passer le permis, j'te rappelle ! La Mireille, elle a une auto, mais pas toi !

Voilà qu'il me parlait d'une Mireille, maintenant ! Je ne voyais pas le rapport. Moi, je voulais qu'on reste sur le sujet, ne pas s'écarter :

- Pourtant, il y a une chose dont je suis sûr : je sais conduire !

- Ben oué, tu vas à l'auto-école ! Même que le père Martin y dit que tu te débrouilles drôlement bien pour un gars comme toi ! C'est sûr, tu l'auras ton permis !

Un gars comme moi ? Que voulait-il dire ? Qu'ai-je donc de si différent ? Il fallait que j'use de stratagèmes pour me sortir de ce mauvais rêve. Je décidai alors de changer de sujet :

- Dis-moi, toi qui as l'air de si bien me connaître : tu crois que je vais finir par refaire surface ?... Parce que là, je ne me souviens même plus de ton nom !

Il se leva de sa chaise pour se repencher sur mon lit :

- Et ma gueule, tu t'en rappelles de ma gueule ? Pourtant tu t'en es assez foutu, de ma gueule, en me disant qu'on risquait pas de l'oublier !

Il n'avait pas répondu à la question. J'insistai gentiment :

- Peut-être... C'est vrai que tu as un visage... particulier ! Mais moi je te parlais de ton nom !

Bien sûr, je ne l'avais absolument pas reconnu, mais il fallait que je louvoie. Apparemment rassuré, il reposa son cul sur la chaise :

- Eh ben c'est moi ! Nénesse ! Ernest Viq, pour l'état civil. Tu m'inquiètes quand même, toi.

Encore un surnom ridicule ! J'avais vraiment un problème : comment avais-je pu oublier cette caricature ? Après cette petite victoire, il était indispensable que je continue à le mettre en confiance :

- Bon, Nénesse, si on est réellement amis, il va falloir que tu m'aides à sortir de cette merde... Tout me raconter, me replonger dans la vraie vie !

Je le sentis mal à l'aise :

- T'es vraiment paumé ? Y'a rin qui te revient ?

- Pas grand-chose... En tout cas, rien de ce que vous m'avez raconté, le docteur et toi !

- Oué, ben on n'est pas rendus ! Et pis là, aujourd'hui, je vas être obligé de partir. Il a dit une demi-heure, le toubib. Sinon, il va me virer !

- Dommage... Je ne me sens pas fatigué, pourtant.

- Oué mais c'est lui qui décide. Je revinrai demain après l'usine avec la Mireille, c'te fois ! Qui que j'vas y dire, à elle ?

Je ne pus m'empêcher de demander :

- Qui est donc cette Mireille ?

- Euh là ! C'est ben ce que j'dis : y'a du mal de fait ! La Mireille, c'est ta gonzesse, mon gars ! Enfin, en temps normal, tu m'engueulerais en corrigeant : fiancée !... Qui que j'vas y dire, à elle ?

Heureusement que dans l'état où je me trouvais aucune émotion ne pouvait transparaître. J'étais fiancé ! Encore une nouvelle à assimiler. Comme je ne répondais rien, il insista :

- Hein ? Qui que j'vas y raconter, à la Mireille ?

- Écoute Nénesse, je ne sais pas. Je ne m'en souviens pas non plus, de cette jeune fille. Mais si on est fiancés, c'est qu'elle m'aime. Et si tel est le cas, elle ne peut que nous aider. Alors, tu lui dis la vérité...

- Oué, c'est pas con. Mais c'est encore moi qui vas me cogner le boulot !

- Désolé... Si le docteur te demande quoi que ce soit en sortant d'ici, tu lui dis que tout va bien, hein ? Je t'ai à peu près reconnu, on a discuté et c'est tout ! Il faut que je sorte d'ici au plus vite pour tirer tout ça au clair !

Il se leva et s'avança vers moi, sûrement pour prendre congé :

- C'est sûr, mais t'es encore là pour un moment... J'veux ben t'aider, tu penses ! On va faire comme t'as dit. Allez, salut Jeannot, à d'main.

Dès qu'il fut sorti, un sentiment de désespoir commença à pointer le bout de son nez. Où donc avais-je atterri ? Rien de ce qui m'entourait ne m'était familier. J'avais l'impression d'être tombé sur une autre planète. Et le pire, c'est que je n'arrivais même pas à définir quelle était la mienne, de planète. Le bruit de la porte qu'on ouvre, encore, me tira de ces pensées négatives. Une voix douce, maternelle, rompit le silence :

- Alors jeune homme, on a récupéré, m'a-t-on dit. Tant mieux !

Je ne répondis pas. Deux grosses mains boudinées commencèrent à s'affairer au niveau de mes lèvres. Son visage, ingrat mais avenant, tuait dans l'œuf toute idée stéréotypée qu'on pouvait avoir des infirmières. Alors qu'elle s'appliquait à nettoyer ce qui devait être une jolie plaie, je sentis sa compresse accrocher quelque chose. Ne pouvant pas demander quoi que ce soit, elle devança mes pensées :

- Ce ne sont que deux points de suture. Normalement, ils ne laisseront aucune trace, ne vous inquiétez pas.

Puis elle m'appliqua sur le cou une sorte de pommade qui, instantanément, me soulagea. Je n'eus plus cette sensation de tiraillement, de sécheresse sur la peau. Ensuite, elle fit de même avec mes deux mains. J'eus alors comme un mouvement de recul malgré les liens : je les trouvais vraiment bizarres, mes mains, à son contact. Elle s'en rendit compte, mais interpréta mal le mouvement :

- Je comprends votre réaction, mais dès demain vous serez libéré de ces entraves et de cet instrument de torture qu'est le corset. Ce n'est que par précaution qu'on va laisser passer la nuit. Consignes du docteur. Votre hématome au niveau du dos s'est bien résorbé. Par contre, il faudra quand même être sage : votre épaule gauche a été luxée. Mais la douleur vous rappellera bien à l'ordre.

- Vous êtes gentille. Et boire, je pourrais ?

- Bien sûr ! Même manger, ce soir. Je vais m'en occuper, après. Ensuite, dodo, hein ? Les antidouleurs vont vous tomber, de toute façon.

C'est à ce moment que la porte se rouvrit et que la voix du médecin emplit la pièce :

- Vous reprenez vos esprits, à ce que j'ai compris, monsieur Baptiste ! La visite de votre ami Ernest vous a fait du bien.

- C'est vrai, docteur... Mais c'est encore un peu confus.

- Il m'a dit qu'il reviendrait demain avec votre amie, la jolie jeune fille qui avait veillé toute la nuit dans le couloir. Mais ce matin, elle a dû partir travailler...

Pour donner le change, je lui répondis avec assurance :

- Vous parlez de Mireille ? Oui, je sais. Nénesse m'a dit.

- Oui. Ils se sont relayés, tous les deux : lui travaille de nuit, cette semaine. Je vous souhaite la meilleure nuit possible, monsieur Baptiste.

- Merci, docteur.

Après m'avoir fait boire, manger et avaler quelques pilules, la grosse infirmière prit congé en disant qu'elle passerait voir si tout allait bien au cours de la nuit. Si elle avait tenu parole, je ne m'en rendis pas compte : je n'eus pas le temps de cogiter que déjà je dormais. Sûrement profondément puisque le lendemain matin, quand j'ouvris les yeux, un lumineux soleil se reflétait sur le plafond usé.

II

Je ne pense pas que ce soit la belle clarté qui m'éveilla ce matin-là. Ce furent plutôt les deux personnes qui s'affairaient autour de mon lit. Une voix me parvint qui me dit :

- On va vous glisser sur le brancard afin de vous transporter jusqu'à la salle de soins. Vous allez être délivré de vos entraves.

Après m'avoir libéré de tout ce qui me reliait à une vie artificielle, les deux brancardiers me firent glisser sur leur civière. Étrangement, je ne sentis rien : j'étais comme fixé sur une sorte de coquille. Après un court voyage à travers les couloirs, on arriva dans une salle éclairée au néon. Tandis que deux personnes me palpaient, me tournaient, m'examinaient, je perçus la voix du docteur Lambert :

- Fin du calvaire, monsieur Baptiste. Il faut juste que vous fassiez attention à votre épaule. Pas de mouvements inconsidérés. Comment vous sentez-vous ce matin ?

Alors que les deux autres médecins me sortaient de ma coquille, je lui répondis :

- Bien... J'ai bien dormi !

- Tant mieux.

Le choc, je le reçus une fois que je fus réinstallé sur le brancard, alors que de mon bras valide je voulus me passer la main dans les cheveux. Ma main !... Ce n'était pas la mienne ! Ce ne pouvait pas être ma main ! Moi, dans mon souvenir, j'avais les mains soignées, fines et harmonieuses. Enfin, je crois... Alors, quand j'ai vu cette main à laquelle il manquait la dernière phalange de l'auriculaire, toute lisse et tendue, le pouce en embryon, plus d'ongle sur le majeur et la peau toute racornie, une lueur d'effroi a dû passer dans mon regard. J'ai dû blanchir, aussi. Le toubib, interprétant mal ma réaction, se contenta de dire :

- Doucement, je vous ai dit ! Vous vous êtes fait mal ?

Pour continuer à donner le change, je me contentai de répliquer :

- À peine... Juste une petite douleur.

Il parut rassuré. Je pliai mon coude gauche pour voir mon autre main, en me disant que ça ne pouvait pas être pire. J'avais tort. Elle était dans le même état que la droite, à ceci près que c'étaient deux phalanges de l'index qui lui manquaient, et qu'à celle-ci, je n'avais plus d'ongle du tout. Que m'était-il arrivé ? Encore une chose que Nénesse devrait m'expliquer, cet après-midi. Le toubib, encore une fois, interpréta mal mon geste :

- Vous n'arrivez toujours pas à vous y faire, hein ? Pourtant, ils ont réalisé un travail remarquable à Garches, à l'époque.

Je ne répondis pas, me contentant d'un semblant de sourire. Garches ? Je ne savais même pas où c'était. Mais ce qui m'interpella le plus, ce fut le « à l'époque ». De quelle époque parlait-il, le vieux ? J'en arrivais vraiment à croire que je visitais un monde parallèle au mien. Tout ici m'était étranger, et pourtant tout le monde semblait me connaître. J'étais impatient de voir débarquer Nénesse. J'avais tant de réponses à obtenir !

Les deux brancardiers me ramenèrent jusque dans ma chambre. Là, une infirmière attendait, plus conforme celle-là à l'image populaire : jeune, jolie et à peine vêtue d'une blouse blanche. Elle m'installa et me demanda si je voulais un autre oreiller, puis me demanda ce qu'il me ferait plaisir de prendre : café, chocolat ou thé. J'acceptai un thé et demandai si je pouvais avoir le journal du jour. En l'attendant, je regardai à nouveau mes mains : comment était-ce possible qu'elles fussent abîmées à ce point ? Brûlées au dernier degré, pour sûr ! En remuant les articulations, je trouvai quand même bizarre d'en avoir un usage facile.

Une autre jeune femme revint en poussant un petit chariot. Une grande tasse, une théière en inox, quelques biscuits et un journal plié. Elle glissa le chariot au-dessus de mon lit. Je dépliai le quotidien. *La Nouvelle République*. Elle titrait : « L'Angleterre est allée au bout ! » En sous-titre : « Les Anglais remportent leur première Coupe du monde de football à Wembley. » Qu'est-ce que c'était que cette plaisanterie ? Quand je lus la date en haut à droite du quotidien, je faillis tourner de l'œil. Qu'on soit en juin, je ne le contestais pas, mais 1966... Hier, quand j'avais répondu 62 au médecin, il s'était contenté de répondre « Je vois ! » Quatre ans ! Il me manquait quatre ans ! Qu'avais-je bien pu faire durant cette période ? C'était impossible, ça défiait l'entendement.

J'ai quand même parcouru le reste du canard. Les nouvelles, qu'elles soient locales ou nationales, n'évoquaient en moi que de l'ignorance. Quand une autre jeune fille entra pour m'apporter un plateau-repas frugal, je lui demandai si sa collègue m'avait bien donné le bon journal. Après avoir consulté la une, elle me confirma que c'était bien celui du jour. Puis elle ressortit. Deux petits comprimés étaient posés sur le plateau : je les planquai tant bien que mal dans les aliments que je n'allais pas consommer. Je me contentai de boire un peu d'eau et de manger cet ersatz de fromage blanc triste. J'étais à cet instant précis persuadé qu'on était en train de me droguer. Pourquoi ? Je n'en savais encore rien. Il fallait que je reste sur la défensive. Pour m'occuper après ce mince déjeuner, je feuilletai le journal au hasard. Quand je tombai sur la page de l'horoscope, une autre question me vint : de quel signe pouvais-je bien être ? Quand étais-je né, d'abord ? Je n'en avais aucune idée. Eux, ils devaient savoir. Ou alors, j'étais une créature divine, allez savoir ! La fatigue, encore une fois, eut raison de mes pensées loufoques, et la dernière pensée qui me vint à l'esprit avant de sombrer fut : « Auraient-ils aussi drogué le fromage blanc ? »

À mon réveil, deux personnes s'étaient approprié les chaises de la chambre. Nénesse, d'abord. Sur l'autre, une jolie jeune fille blonde au visage inquiet. Des yeux d'une limpidité troublante, un teint de pêche qui respirait la fraîcheur... Elle était d'une telle beauté naturelle qu'il devait être facile d'en tomber raide dingue. Même si je trouvais ça invraisemblable, ce devait être Mireille. La Mireille qui soi-disant m'aimait. Comment avais-je pu lui plaire ? Encore un mystère à élucider. Le plus simple à cet instant était que je m'adresse directement à Ernest :

- Salut, Nénesse. Il y a longtemps que vous attendez ?

Il esquissa un mince sourire :

- Non. Y'a pas cinq minutes qu'on est là... Et toi, comment ça va ?

- Guère mieux... Pas pire non plus.

Je me tournai ensuite vers la supposée Mireille, bêtement intimidé :

- Bonjour... Mireille. Désolé, mais c'est vrai : je ne me souviens de rien... Même pas de vous... de toi. Pourtant, si tu savais comme j'aimerais !

Elle sourit, attrapa ma main racornie sans aucun dégoût et dit :

- Ne t'inquiète pas. On est là. On va t'aider !

Sa voix était douce, chaude. J'ai entendu dire, ou lu, je ne sais plus bien sûr, que l'attirance physique était avant tout chimique. Ce devait être vrai. Un frisson me parcourut de bas en haut à son contact. Ayant détecté mon trouble, elle poursuivit :

- Il n'y a vraiment rien qui te revient, tu es sûr ?

Je la regardai tendrement :

- Rien ! Si tu parles de... l'effet produit à ton contact, je pourrais venir de naître qu'il serait le même !

Elle rosit en baissant les yeux :

- Flatteur, va ! Non, sérieusement ?

- Mais je suis sérieux ! Et je suis complètement perdu, cette fois ! La seule certitude que j'avais s'est envolée ce matin. Quand l'infirmière m'a apporté le journal. J'étais persuadé d'être en 1962... J'ai cru tomber dans un gouffre : il me manque quatre ans ! Pire que ça : il me manque toute ma vie ! Je compte sur vous deux pour m'éclairer...

Mireille, la mine songeuse, me demanda :

- 62, dis-tu ? Serais-tu capable de préciser ?

- Oui, là, je peux : le 24 juin...

- Je vois... C'est la date de ton premier... accident.

Ernest corrigea :

- Enfin, presque. On n'en est pas sûrs : des gens t'ont retrouvé le 25 au matin, en cherchant des champignons. Comme ça avait plu dans la nuit, ils croyaient en trouver... Des champignons en juin, y'avait ben que des Parigots pour y croire ! Non, c'est toi qu'ils ont trouvé, dans le bois.

Là, j'étais tout ouïe. Si ça ne m'évoquait rien, ça me rassurait : il m'était bien arrivé quelque chose à la date que j'avais donnée la veille au toubib. Il fallait maintenant qu'ils éclairent un peu plus ma lanterne, mes deux amis. Je me contentai de répondre :

- Ah !... Vous pouvez m'en dire plus ?

Mireille reprit le flambeau :

- Tout ce qu'on pourra te raconter, on le tient de toi, et des recherches que nous avons entamées ensemble. Aussi bien Nénesse que moi. Ce que je crois, c'est que ta mémoire a occulté cette période... notre période ! Tu es resté bloqué au soir de ton agression.

- Mais je ne suis bloqué sur rien, puisque je ne me souviens de rien ! Ni d'avant, ni d'après...

- Je comprends... Il va falloir qu'on te retrace tout. Attends-toi à entendre de très vilaines choses. Très mystérieuses aussi.

Nénesse lui coupa la parole :

- On pourra pas tout t'y raconter aujourd'hui. Faut qu'on parte à sept heures, et c'est déjà six heures et quart. Et pis moi, j'suis de nuit c'te semaine. Mais on va revenir tous les jours, jusqu'à quand que tu sortes, mon pote !

Mireille précisa :

- Nénesse n'a qu'une mobylette. C'est moi qui l'emmène en voiture quand je sors de l'usine, à cinq heures. Et comme on a une demi-heure de route...

J'avais peur de la poser, cette question bête :

- Vous venez d'où, exactement ?

Ce fut encore Nénesse qui répondit :

- Oué, ben c'est pas gagné ! On vient d'Aubigny, ben sûr !

Ce nom de ville me disait quelque chose :

- Aubigny ?

-Ben oué, Aubigny-sur-Nère, dans le Cher !

- Oui, je connais. C'est sur la route entre Paris et Bourges...

Nénesse leva les sourcils :

- Et comment que c'est-y que tu connais ça, si tu te rappelles de rien ?

Sa réflexion était sensée. Malheureusement, je ne pouvais pas lui expliquer :

- Je n'en sais rien... Sans doute étais-je bon en géographie ? Je sais où se trouve chaque ville de ce parcours. Je les revois, les villes, mais rien de plus !

Mireille, se penchant vers moi, dit doucement :

- C'est peut-être un bon début, mon chéri. Tu dis que tu revois les villes... Mais après Bourges, tu en vois d'autres ?

Je restai pensif un instant. J'essayai de suivre une piste. Après un intense effort, je finis par répondre :

- Je crois qu'il y a encore deux ou trois villages qu'on traverse... Saint-Just... Blet... Sancoins... Après, je ne sais plus !

Elle avait l'air satisfaite de ma réponse, Mireille. Comme elle ne disait rien, je lui demandai ce qui la faisait sourire :

- Avant, il y a encore trois jours, tu aurais été incapable de décrire cette route... Sancoins, ça t'évoque quelque chose ?

Que pouvais-je savoir au sujet de Sancoins ? Rien d'autre que le nom. Une ville qu'on traverse, une route vers la sortie. Rien de plus ! Je le lui dis. Songeusement, elle répliqua :

- Il faudra qu'on y retourne, quand tu seras sorti d'ici.

- Parce qu'on y est déjà allés ?

- Oui... Je t'expliquerai, quand on en sera à ce stade de notre histoire. Mais il faut qu'on commence par le début, Jean...

Décidément, je ne m'y faisais pas, à ce prénom :

- Pourquoi m'affublez-vous de ce prénom, Nénesse et toi ? Et pourquoi encore le toubib me nomme-t-il Baptiste, lui ?

- Là encore, on t'expliquera au fil de l'histoire. Sache simplement qu'il fallait bien qu'on te nomme. On n'allait pas te siffler. Il est indispensable qu'on te raconte tes mésaventures dans un ordre chronologique, sinon, on risque de t'embrouiller un peu plus.

- D'accord. Reprenons donc au début ! Tu m'as parlé d'agression tout-à-l'heure...

- Oui. On le suppose, parce que personne n'a trouvé d'autres explications. Comme te l'a dit Nénesse, ce sont des promeneurs qui t'ont découvert au petit matin du 25 juin 1962 dans la forêt derrière la Bifure.

- La Bifure ? Qu'est-ce-que c'est ?

- C'est un lieu-dit : la Bifurcation. Mais les gens du coin disent juste « la Bifure ». C'est l'endroit où la route de Bourges se sépare de la route de Nevers, sur la Nationale 7. Il y a aussi un relais routier qui porte le même nom dans l'angle que forment les deux routes. C'est en s'enfonçant dans le bois derrière ce restaurant qu'ils t'ont trouvé, les deux Parisiens. Ça t'évoque quelque chose ?

- Je ne sais pas... Comme ça, au débotté, non. Le lieu, peut-être. C'est juste avant d'arriver à Gien, non ?

- C'est bien ça ! On dirait qu'il ne te reste plus qu'une carte routière gravée dans le cerveau !

Elle avait raison. Si je me souvenais des lieux, rien d'autre ne me revenait ! J'allais demander des précisions quand Nénesse me coupa :

- Bon, faut qu'on y va, là ! J'attaque à neuf heures à l'usine, moué !

Mireille renchérit :

- Il a raison. Il est sept heures... Repose-toi bien et essaie de ne pas trop cogiter. On reviendra demain et on continuera.

Elle me posa un baiser léger sur le front et ils disparurent. Elle en avait de bonnes, Mireille. Ne pas cogiter, après le peu qu'ils m'avaient appris ! Cette nuit-là fut peuplée de cauchemars où je me retrouvais au milieu d'inconnus à tourner, tourner, tourner à en tomber par terre, sans que personne ne me vienne en aide.

III

Qu'elle fut longue, cette journée, jusqu'à ce que Mireille arrive peu après dix-sept heures ! Elle vint seule, cette fois. Ernest était à son entraînement de football, me dit-elle. Avant ça, j'ai appréhendé tout au long du temps qui passait qu'on me demande des choses auxquelles je ne pourrais pas répondre. On avait mal joué la veille : mes deux supposés amis auraient dû m'informer plus avant sur ma vie quotidienne. Je ne savais même pas où j'habitais ! Si le défilé des infirmières et autres aides-soignantes s'était déroulé sans alerte, la visite du docteur Lambert faillit virer à la catastrophe. Après avoir examiné l'état de mon hématome dorsal, puis l'évolution de mes plaies labiales, il manœuvra doucement mon épaule encore douloureuse puis dit :

- Elle a été correctement remise. Si tout va bien, vous pourrez rentrer chez vous dès la fin de la semaine. Votre léger traumatisme crânien ne vous embrouille plus, n'est-ce-pas ?

Je devais encore donner le change :

- Non, docteur. Tout va bien !

- À la bonne heure ! Bien sûr, vous ne reprendrez le travail qu'en septembre. Le temps de consolider votre pied après trois semaines d'immobilisation. C'est que dans ces cas-là, la station debout n'est pas la plus appropriée.

Que lui répondre ? Je ne savais même pas en quoi consistait moi soi-disant travail. Je me contentai d'acquiescer :

- C'est comme vous voudrez. C'est vous le médecin.

Pensant qu'il allait passer à autre chose, je me sentis soulagé. Mais il en remit une couche :

- Comme vous dites... Quand vous êtes parti d'ici il y a quatre ans, jamais je ne vous aurais imaginé travaillant à la chaîne dans une usine. Je vous voyais plus dans une profession intellectuelle.

Étonné, j'essayai de couper court en posant une autre question :

- Parce que vous avez suivi mon parcours durant tout ce temps ?

- Même pas ! Je n'ai su ce que vous faisiez que lors de votre arrivée ici il y a trois jours. J'ai été un peu surpris, c'est tout. Parce que malgré votre... pathologie mentale de l'époque, j'avais senti en vous quelqu'un d'érudit. Mais si ce que vous faites aujourd'hui vous convient, j'en suis ravi pour vous ! Et apparemment, vous avez trouvé un bon équilibre.

Il n'avait pas d'autres patients à voir ? Il était impératif que j'abrège cette petite discussion :

- Oui, tout va pour le mieux maintenant. Merci de votre sollicitude, docteur !

Il me sourit en me disant « À demain ! », puis quitta la chambre. Ouf !

Ce fut la première chose que je racontai à Mireille après qu'elle m'eut posé un baiser sur le front avant de s'assoir. Elle saisit aussitôt l'urgence de la situation :

- Bon, si j'ai bien compris, il faut que je te donne des bases sur ta vie quotidienne. On va le faire, pour ne rien compromettre.

Elle se cala au fond de sa chaise avant de poursuivre :

- Déjà, il faut que tu saches que tu vis depuis maintenant presque trois ans à Aubigny-sur-Nère. Tu travailles à l'usine Drouard. Tu es sur une chaîne de production et tu fraises des rainures en bout d'arbre pour des moteurs électriques. C'est là que tu as connu Nénesse puisqu'il travaille sur la machine juste devant la tienne.

Dans une usine ? Jamais au plus profond de moi je n'avais mis les pieds dans une usine. Je ne sais même pas comment étaient faites les machines dont elle me parlait. Je lui fis part de mon ignorance. Elle réfléchit un moment, puis :

- Ce problème-là, je pense qu'on pourra le résoudre. Comme tu ne vas pas reprendre tout de suite, il te suffira d'aller rendre une petite visite aux collègues et de regarder faire Nénesse. Il fait exactement la même chose que toi. C'est une chance qu'il soit ton meilleur ami. Tu penses y arriver ?

- Je ne sais pas... Sûrement, si tu me dis que c'est aussi simple. Mais toi, comment sais-tu tout ça ?

- Je suis comptable, moi, chez Drouard, et il m'arrive de me promener dans les ateliers. Surtout depuis qu'on se fréquente.

- Ah...

- Oui, bon, passons à la suite : tu habites dans un des studios mis à la disposition des ouvriers par l'usine, sur la route d'Ennordres.

- On n'habite pas ensemble ?

Mireille se redressa :

- Tu n'y penses pas ? On n'est pas mariés ! Que diraient les gens ? Et mes parents, tu y penses, à mes parents ?

- Franchement, non... Je ne les connais même pas, tes parents... Désolé !

- Ah oui, c'est vrai, excuse-moi. Mes parents t'aiment beaucoup et se réjouissent de notre mariage... qui devait avoir lieu fin août.

- Pourquoi dis-tu qu'il devait ?

- Parce que maintenant, il va falloir le repousser, au mieux. L'annuler, au pire !

Instantanément, mon optimisme disparut :

- Je ne comprends pas... Pourquoi ?

Mireille se leva et commença à tourner en rond dans la chambre :

- Pourquoi ? Parce qu'il faut que je réapprenne à te connaître. Tu n'es plus le Jean que j'ai connu, aujourd'hui. Bien sûr que moi je t'aime, mais toi ? Tu ne me reconnais même pas ! Peux-tu me dire là, maintenant, que tu veux faire ta vie avec moi ?

Une larme perlait au coin de son œil. J'étais gêné. Attendri aussi :

- Je ne sais pas... Tout ce que je sais, c'est que tu m'attires et que j'attends chaque jour ta visite. C'est un bon début, non ?

Un pauvre sourire se dessina sur son visage :

- Oui... Moi, j'ai l'impression que tu es redevenu le Jean, ou je ne sais qui, d'avant 62. Il faut juste que je m'y fasse. Mais pour tout le monde, il faut qu'on continue à donner le change. J'ai dit hier à mes parents qu'on allait repousser le mariage jusqu'à ce que tu sois complètement rétabli. Physiquement, j'entends. Ça nous laissera un sursis pour remettre de l'ordre dans ta vie. Ma seule crainte, c'est que tu retrouves complètement la mémoire. Celle d'avant, je veux dire, et que je n'en fasse pas partie. Je sais, c'est égoïste, mais je ne peux pas m'empêcher d'en avoir peur !

- Ce n'est pas égoïste, c'est humain, tout bêtement. Bon, si tu me racontais maintenant ce qui m'est arrivé la première fois, là-bas, dans le bois ?

Mireille reprit place sur la chaise, croisa les doigts comme pour la prière et commença :

- Tout ce que je vais te rapporter maintenant, je le tiens de toi, puis des recherches qu'on a faites ensemble.

- Parce que j'ai cherché ?

- Bien sûr ! Quand on t'a connu, c'était même une obsession chez toi. Avant déjà, tu cherchais. Mais tu n'avais aucun repère. Puis peu à peu, tu as lâché prise. Il faut dire qu'on avait d'autres sujets d'intérêt ces derniers temps. Ce dont je suis sûre, c'est qu'au fond de toi, tu continuais à espérer qu'un évènement te remette sur le chemin de ce qu'avait été ta vie avant. Quelquefois, tu me le laissais entendre.

- Ah...

- Pour en revenir à ce que je te disais, ce que je sais, c'est toi qui me l'as raconté. D'après ce qu'on t'a dit, à toi. Avec toutes les questions que tu te posais ! Donc, il se peut que tout ça ait été un peu déformé, passant d'une bouche à l'autre. Un peu comme une légende, tu vois.

- Je comprends.

- Bon, ce fameux matin, le couple de Parisiens qui cherchaient des champignons dans le sous-bois derrière la Bifurcation tombent sur ce qu'ils pensaient être un cadavre. Tu gisais face contre terre, tes vêtements complètements brûlés, à l'exception de l'épais blouson de cuir que tu portais. Lui était tout racorni, mais il t'a protégé. La jeune femme, devant le spectacle, s'est trouvée mal. Son compagnon, paniqué, est reparti en sens inverse afin de chercher de l'aide. C'est du restaurant qu'il a alerté les secours, relatant le malaise de sa femme qui ne se réveillait pas en en spécifiant la cause : la découverte d'un corps. Les pompiers de Gien furent sur place en moins d'un quart d'heure. La jeune femme avait repris connaissance. Leur plus grande surprise fut de constater que tu respirais, en te retournant. À ce moment-là, ils ne se faisaient guère d'illusions. Tu étais vraiment dans un état critique. Inconscient. Toutes les parties visibles de ton corps étaient brûlées gravement. Seule ta tête y avait miraculeusement échappé. Sûrement grâce à la flaque d'eau dans laquelle ils t'ont retrouvé. Tes jambes, tes mains, ton cou, tout était calciné. Le pire était l'état de tes mains. Quand ils ont découvert ton visage aussi, ils ont eu une vision d'horreur : tu avais été complètement massacré. Le nez, la mâchoire, une de tes pommettes... Un vrai cauchemar !... Ça, c'est eux qui te l'ont raconté, plus tard. Bien plus tard. Ils t'ont aussi avoué à ce moment-là que ce qui t'avait sauvé, c'était le monstrueux orage qui avait éclaté cette nuit-là, peu avant minuit. C'est donc sans conviction qu'ils t'ont transporté à l'hôpital de Gien. Tu étais dans le coma, de toute façon. Tu y es resté douze jours. Pendant ce temps, tu avais été opéré de ce que tu avais de plus grave : ton nez, ta quadruple fracture de la mâchoire, et surtout tes brûlures. Mais le pire restait à venir. Tout le monde attendait que tu reprennes conscience : l'équipe médicale, bien sûr, mais aussi les gendarmes pour faire avancer leur enquête. C'est qu'on ne savait pas qui tu étais, ni d'où tu venais. Les autorités ne disposaient d'aucun moyen pour t'identifier : tu n'avais aucun papier sur toi. Aucun bijou, non plus. Aucun signe distinctif : une dentition parfaite, aucune fracture antécédente, et surtout plus d'empreintes digitales. Les brûlures sur tes mains les avaient complètement fait disparaître ! Au matin du treizième jour, tu t'es enfin réveillé. L'espoir est revenu du côté des enquêteurs. Ils ont vite déchanté : tu ne te souvenais de rien ! Ils comprirent vite que tu ne simulais pas.

Autant pour atténuer les images d'horreur s'insinuant dans mon esprit que pour détendre l'atmosphère, je me permis cette petite réflexion :

- C'est maintenant que je simule... Mais en sens inverse !

Mireille sourit et me demanda :

- Jusque-là, ce que je t'ai raconté ne t'évoque rien de nouveau ?

- Je ne sais pas... L'endroit, je le connais pour y être passé. De ça, je suis sûr ! Mais je ne me souviens pas m'y être arrêté. Non... Dis-moi : tu m'as parlé d'un gros orage, dans la nuit ?

- Oui... Il a même fait de gros dégâts, un peu partout dans la région. Pourquoi ?

- Il devait faire très chaud cette nuit-là, alors.

- C'est vrai, très lourd, surtout !

- Pourquoi alors portais-je un blouson de cuir ? Il doit y avoir une raison précise. Il faut qu'on creuse de ce côté.

- Tu as peut-être raison. Je n'y avais jamais pensé. Toi non plus, d'ailleurs !

Elle réfléchit et ajouta :

- Tu vois, ce qu'on peut retirer comme avantage de ton état aujourd'hui, c'est que tu vas porter un regard neuf sur ta propre... aventure.

- Sans doute. C'est maigre, comme avantage ! Allez, continue.

Elle se servit un verre d'eau, but lentement et reprit :

- Oui... Donc, l'enquête des gendarmes se trouvait à nouveau au point mort. Malgré les photos à la une de toute la presse quotidienne française, personne ne te réclamait, à part quelques farfelus qui te prenaient pour ce que tu n'étais pas. On t'a même pris pour quelqu'un qui était mort, c'est dire ! Il faut bien avouer que la photo diffusée ne te mettait pas à ton avantage : elle datait d'avant ton passage à Garches et la chirurgie réparatrice que tu y as subi. Tu étais vraiment à ce moment-là ce qu'on pouvait appeler une gueule cassée... En plus, ils t'avaient rasé le crâne, à Gien.

Je lui coupai la parole en émettant tout haut la pensée qui me venait :

- Mais le regard ? Ça ne trompe pas, le regard. Si quelqu'un me connaissait, il m'aurait reconnu au regard !

- Quand tu verras la fameuse photo diffusée, tu comprendras. Il était éteint, ton regard. C'est tout juste si on voyait tes yeux.

- Et après, quand j'ai été... réparé, comme tu dis, il n'y a pas eu d'autres photos ?

- Si, mais ce devait être trop tard... Je vais y venir. Sache que tu n'avais sans doute plus la même tête qu'avant. Si les journaux avaient repris le même titre que la première fois, « L'inconnu de la Nationale 7 », tu n'étais plus à la une, non plus. Et l'évènement ne passionnait plus les lecteurs, ils étaient passés à autre chose. Pourtant, ce n'était plus la gendarmerie qui s'occupait de ton affaire. Le dossier avait été transmis à Paris. Au service Recherches dans l'intérêt des familles. Ça n'a rien donné non plus.

- Mais je devais bien avoir des parents, des amis, que sais-je ? Il devait bien y avoir des gens de par le monde inquiets de ne plus me voir ? Je ne suis pas tombé du ciel, quand même !

- C'était à se demander... Encore une fois, le soir où tu as été agressé, aucune signalisation de disparition ne te correspondait. Il y a bien eu quelques dépositions, toutes vérifiées par la police, mais rien à voir avec toi !

- Alors, qu'ont-ils fait de moi, les flics, après ?

- Que voulais-tu qu'ils fassent, mon pauvre chéri ? Ils t'ont confié aux services sociaux ! À l'assistance publique, en l'occurrence. Mais ça, je te le raconterai demain. Là, il faut que j'y aille, l'heure des visites est bientôt terminée.

IV

Elle est marrante, Mireille ! « Je te raconterai demain ! » Qu'allais-je faire, jusqu'à ce qu'elle revienne ? Je ne pouvais que me torturer les méninges afin de reconstituer tout ce qu'elle m'avait dévoilé. À neuf heures du soir, complètement épuisé à force de réflexion, et sans que rien ne me soit revenu, je me suis endormi comme une masse.

Au réveil, quand l'aide-soignante est entrée pour m'apporter un petit déjeuner frugal, j'avais acquis une certitude. Si j'avais encore rêvé de choses insensées, horribles aussi, sûrement à cause des révélations de Mireille, une image me revenait chaque nuit, insistante. Je me voyais clairement sillonnant la campagne au volant d'une voiture, cheveux au vent. Je serais bien incapable d'en préciser la marque ou la couleur, mais je conduisais. J'étais maintenant persuadé que j'avais déjà eu une automobile, donc que je savais conduire. Et si je savais conduire, j'avais un jour obtenu le permis. Il allait falloir chercher dans cette direction aussi. Il doit bien exister un fichier. Cette idée fixe me fit patienter jusqu'au retour de mes amis. Entre la visite de l'infirmière pour des soins de moins en moins lourds et le passage du docteur pour m'informer de ma prochaine sortie si tout continuait à évoluer dans le bon sens, j'occupai mon temps à tenter de reconstituer les paysages de mon rêve. Sans succès, bien sûr ! Quoi de plus anonyme que des champs cultivés, des prés avec une fois des vaches, une fois des moutons, et de petits passages boisés ? Aucune ville, aucun village dans mon rêve. Pas même un passage à niveau, ou encore un pont où on aurait indiqué le nom de la rivière. Une seule chose me sembla positive, et encore, je n'en étais pas sûr : il me semblait que le volant que je tenais était en joli bois verni. Je priai intensément pour qu'il revienne, ce rêve !

Ce fut au moment où j'implorais je ne sais quel dieu que la porte s'ouvrit. Nénesse tenait galamment la porte à Mireille qui entrait avec un large sourire. Elle approcha et me déposa sur le front un léger baiser. Nénesse, lui, se contenta de serrer ma main valide. Je ne pus m'empêcher de demander à Mireille la raison de sa joie apparente. Elle me répondit de sa jolie voix claire :

- On a croisé le docteur. Il nous a dit que si rien de fâcheux ne se produisait d'ici vendredi, tu sortirais samedi matin... C'est chouette, non ?

Je me contentai d'une vague remarque :

- Ouais... En route vers l'inconnu !

Un voile de contrariété passa dans son regard :

- Ne t'inquiètes pas : on est là, nous ! Hein, Nénesse ?

- Oué !

- Vous êtes vraiment gentils ! Mais cela suffira-t-il ?

- Décidément, tu es bien amer, aujourd'hui.

- Non, juste pensif. J'ai l'impression de passer à côté de tellement de choses !

Comme aucun des deux ne répondait, je leur racontai mon rêve permanent et ma certitude d'avoir déjà eu une voiture. Si Ernest restait de marbre, Mireille retrouva instantanément le sourire :

- Mais c'est une bonne nouvelle ! On va pouvoir rechercher de ce côté !

Nénesse doucha tout le monde :

- Qui que c'est'y que vous croyez ? Ils y ont déjà fait, les flics, et ils ont rien trouvé !

Il avait l'air tellement sûr de lui, Ernest, que Mireille en resta muette. Pas moi. Une autre idée folle me venait. Décidément, j'étais en forme aujourd'hui. Je contrai mon ami par une autre question :

- Es-tu certain qu'ils ont cherché partout, les différents services de police ?

- Qui que tu veux dire ?

- Et si j'étais étranger ? Je ne sais pas, moi... belge, ou suisse ? ou encore luxembourgeois ? Enfin, un pays francophone, quoi... Non, attend ! Je pourrais aussi venir d'Afrique : il y en a à foison, des pays de culture française, en Afrique !

- Et pourquoi pas de chez les chinetoques, tant que tu y es ! Ils causent aussi le français, là-bas, dans leurs nouveaux pays, là. Le Vietnam, le Laos, tout ça... Non, ça tient pas, ton affaire !

- Et pourquoi, s'il te plaît ?

- Ben parce que ! On t'aurait cherché pareil, à ce moment-là. Les tiens auraient demandé à leur ambassade si ça te serait pas arrivé quèque chose ! Et pis si t'étais belge ou suisse, comme tu dis, t'aurais un accent, non ?

Mireille renchérit :

- Il a raison, Jean. Tu parles un français parfait, sans aucun accent... On aurait préféré que tu en aies un : on aurait su où chercher.

Je restai buté sur mon idée :

- Justement, si je parle correctement, c'est sans doute dû à une bonne éducation. On n'est pas obligé d'avoir l'accent de ses origines !

Mireille n'était pas d'accord :

- L'accent, non, peut-être pas... Mais les intonations, oui ! Je n'ai jamais entendu quelqu'un qui ne traîne pas un peu de son terroir dans ses intonations. D'où qu'il vienne ! Si pour nous tu n'as pas d'accent, c'est que tu es proche de nous. C'est ce que je me suis toujours dit.

Nénesse confirma :

- C'est d'ailleurs ce qui y a plu, à la Mireille : tu causais pas comme nous !... Tu sais comment qu'y t'appellent, les gars, à l'usine ?... L'intello ! Tu dis jamais un gros mot, tu t'agaces jamais, et tu causes comme un livre.

Mireille le coupa :

- Il n'y a pas que ça qui m'a plu chez toi. Heureusement ! C'est d'abord ton regard qui m'a emporté : on aurait dit un enfant qui découvrait son cadeau, la première fois que tu as posé les yeux sur moi. Sans aucune retenue, mais sans arrière-pensée non plus. Ce jour-là, j'ai été troublée, c'est vrai... Mais ce n'est pas le propos ! Tu as raison, Jean : on va retourner à la gendarmerie de Gien demander si des recherches dans ce sens ont bien été effectuées. Ça ne coûte rien. Mais je doute. Essaie de ne pas trop te raccrocher à cette idée.

Je me tassai sur mon lit, l'esprit chafouin :

- À quoi veux-tu que je me raccroche, alors ?

- À nous, pour l'instant ! On va continuer à te raconter ton histoire. Il faut que tu sois attentif, que tu essaies de visualiser. Je sais, c'est facile à dire pour nous qui... Enfin pour...

- Pour des gens qui n'ont pas l'esprit dérangé ?

- Ce n'est pas ce que je voulais dire ! Tu le sais bien, ne sois pas méchant, ça ne te va pas !

- Excuse-moi...

- Non, laisse, c'est humain, après tout... Bon, où en étions-nous restés ?

- Au moment où je fus confié à l'assistance publique, je crois... J'y ai réfléchi, d'ailleurs. Comment se fait-il que j'aie encore atterri dans la région si j'ai été remis aux bons soins de services sociaux parisiens ?

- Ne brûle pas les étapes : je voudrais respecter la chronologie des évènements afin de ne pas te perdre...

Nénesse, se méprenant, intervint :

- Ça risque rien que tu le perdes, vu comment qu'il te reluque.

Sa remarque eut deux conséquences. La première fut de faire rougir Mireille jusqu'aux oreilles. La seconde de me faire prendre conscience qu'il avait raison. Aussi, je détournai le regard vers lui :

- Tu as raison, Nénesse. Excuse-moi de te laisser de côté. Mais je ne peux pas m'en empêcher.

Pourquoi ? Je n'en savais rien. Elle m'attirait comme un aimant. De plus, elle était ma bouée de survie, celle à qui je devais me raccrocher pour ne pas couler. Ernest aussi, bien sûr, mais ce n'était pas pareil. Il se justifia :

- C'est pas grave. J'disais ça juste pour rigoler un peu...

Mireille, comme si rien ne s'était passé, enchaîna :

- Quand tu es sorti de Garches, après trois mois de chirurgie réparatrice, tu as été placé en maison de repos.

- Chez les fous ?

- Non. Dans une maison de repos, je te dis. Il n'a jamais été question de te placer dans un asile. Tous, les médecins comme les autorités, étaient persuadés que tu recouvrerais la mémoire un jour ou l'autre. Et la police continuait à enquêter. Aussi bien sur ton agression que sur ton identité. Après six mois, aucune évolution, ni du côté de la police, ni de ton côté. Il fallait bien prendre une décision. Tu n'allais pas rester éternellement à végéter dans ce centre. Après maintes démarches administratives, il fut décidé de te fournir une identité. Un nom, un âge approximatif...

- Pourquoi approximatif ? J'ai vingt-cinq ans.

Les deux me regardèrent comme si je venais de Mars. Mireille bafouilla :

- Qu'est-ce que tu dis ?

- Que j'ai vingt-cinq ans...

- Comment connais-tu ton âge ? Connais-tu aussi ta date de naissance ?

À mon tour, je la fixai bizarrement. Et sa question, fondée, me fit prendre conscience que je n'en avais aucune idée :

- Euh... non, je ne sais pas. Quand tu as parlé de mon âge, c'est sorti comme ça, instinctivement... Je sais que j'ai vingt-cinq ans, c'est tout !

- Je suis encore désolée de te décevoir, mais je crois, moi, que tu as vingt-neuf ans, puisque tu as occulté les quatre dernières années. Mais ça ne me dit pas comment tu as pu...

- Moi non plus, je ne sais pas. Mais j'en suis sûr ! Enfin, tu as sans doute raison, j'ai eu vingt-cinq ans en 62.

- C'est un grand pas de franchi pour nos recherches, ça restreint le champ d'action. Si je calcule bien, tu serais né en 1937. Avant-guerre... Peut-être n'as-tu plus de parents ? Ils peuvent avoir disparu pendant la guerre. Ce peut être une explication quant au fait que personne ne t'ait recherché...

- Une guerre ? Je ne me souviens pas avoir vécu une guerre !

Ernest me coupa :

- Y'en a eu trois, des guerres, depuis que t'es né, baziau ! Moué, j'en ai fait un bout d'une, en Algérie... Au fait, t'as t'y fait ton service ?

- Mon service ? Quel service ?

- T'as t'y été soldat, si t'aimes mieux ?

- Je ne sais pas... C'est possible, mais ça ne m'évoque rien. Tout ce que je sais, c'est que j'ai horreur des armes !

- Ben on n'est pas arrivés !

Mireille reprit la parole :

- Bon, tu as d'abord vécu pendant la guerre de quarante. Un conflit qui opposa l'Allemagne nazie au reste du monde. Peut-être que chez toi, il n'y a pas eu d'évènements assez marquants pour que tu t'en souviennes... ce qui me fait dire que tu devais être à la campagne. Sans doute même en zone libre. On en a déjà parlé avant, de la guerre. Je sens qu'il faudra que je te réexplique tout. Et que tu relises les livres que mon père t'avait prêtés sur le sujet... Passons ! Donc, il fallait te pourvoir d'une identité. Là, ils n'ont pas été très originaux, mais moi j'aime bien. Et je m'y suis faite, à l'idée de m'appeler un jour madame Baptiste.

Si ce qu'elle venait de dire se voulait réconfortant, je ne l'interprétais pas de la bonne manière :

- Eh bien moi je ne m'y fais pas. Quel nom ridicule ! Jean Baptiste... Non, mais où sont-ils allés chercher ça ?

- Le plus simplement du monde : vu que tu avais été agressé le 24 juin, ils ont pris le calendrier. Saint Jean-Baptiste. Ils n'ont pas cherché plus loin !

- Évidemment...

- Ensuite, vu que tu passais le plus clair de ton temps avec les gens de l'entretien dans ta maison de repos, à bricoler avec eux dans leur atelier, il fut décidé de te former à un métier manuel. Il y avait une formation en mécanique générale pour adultes qui débutait à Bourges. Pourquoi à Bourges, me diras-tu ? Sur les indications des médecins qui t'avaient suivi, ils avaient décidé qu'il fallait te replonger au plus près de l'endroit de ton traumatisme. Puisque Paris ne t'évoquait rien, en toute logique, ils ont pris une carte et se sont arrêtés à la plus grande ville qui se trouvait sur ton supposé parcours. Ils avaient deux choix, depuis la Bifure : soit Nevers, soit Bourges. À Nevers, pas de possibilité. Ce fut donc Bourges qui fut choisi. Bien sûr, ils t'avaient consulté afin de savoir si tu étais d'accord. De tes propres dires, tu en étais ravi à ce moment-là. Tu allais enfin pouvoir te rendre utile. Et surtout, tu ne dépendrais plus de personne. On allait te laisser tranquille. Tu nous as même raconté avec fierté que lors des évaluations pour intégrer la formation, tu avais surpris tout le monde par tes capacités, surtout en mathématiques.

- Oui... C'est vrai que j'aime bien les maths !

- Tu te souviens aussi de ça ?

- Non. Je le sais, c'est tout ! Bon, et après ?

- À la fin de ta formation, dont tu te tiras brillamment, il ne te fut pas difficile de trouver du travail. D'abord, tu étais toujours aidé par l'assistance publique, ensuite l'usine des moteurs Drouard cherchait des fraiseurs. Comme elle voulait les meilleurs, tu as été embauché tout de suite. C'est là qu'on t'a connu. Quand tu es entré dans mon bureau pour la première fois, malgré tes... particularités physiques, j'ai su. Rien qu'au regard. Mais bon, je continue... Parallèlement, le médecin psychiatre qui continuait à te suivre de loin était satisfait : en arrivant à Aubigny, tu te rapprochais un peu plus du lieu de ton agression.

C'est le moment que choisit l'aide-soignante pour entrer dans la chambre avec son plateau-repas peu ragoûtant :

- Il est l'heure, messieurs dames.

Comme à regret, Mireille se leva et m'embrassa sur le coin de la bouche, en prenant soin de ne pas toucher aux deux points de suture. Ernest fit de même, et m'attrapa la main gauche, seule valide, en promettant de revenir dès le lendemain. Une fois de plus, je me retrouvai seul face à mes interrogations. Si j'en savais maintenant un peu plus sur mon éclipse totale de quatre ans, aucun détail de ce qu'ils m'avaient raconté, tous les deux, ne m'était familier. C'était un peu comme si on me lisait un livre : l'aventure était plaisante, certes, mais en aucun cas je ne me sentais concerné. À part peut-être mon attirance pour la petite Mireille. Mais dans n'importe laquelle de mes vies, j'étais persuadé qu'elle avait sa place.

V

Pour la première fois, j'avais passé une nuit tranquille. Pas de cauchemar, pas de réveil intempestif occasionné par la douleur. Seul mon rêve voyageur était revenu. Différent, cette fois. Plus précis. Sans doute mon inconscient avait-il réagi à mes questions de la veille ? Toujours est-il que si je roulais toujours cheveux au vent, le soleil avait disparu. La campagne avait fait place à une ville, d'ailleurs. Une rue tout en longueur, bordée de maisons que je n'eus pas le temps de détailler. Un pont aussi, en son milieu peut-être. Un pont à haubans. Pas ici, à Gien : le pont sur la Loire était en pierre. Montargis, peut-être ? Non, la ville n'était pas linéaire, et le seul pont n'avait pas de haubans. Des ponts, j'en connaissais. Je ne sais pas par quel phénomène ils me revenaient en tête, mais ils s'imprimaient tous dans ma rétine. Ce pont possédait des haubans métalliques, un peu comme le viaduc de Garabit cher à Eiffel. Mais ce n'était pas possible non plus : trop long, et surtout on ne le traversait qu'en chemin de fer. Comment donc étais-je au courant de ça, moi ? Encore un mystère à percer. Sans doute avais-je voyagé un peu, dans une autre vie ? D'autres ponts me venaient à l'esprit, mais toujours sans haubans. Le pont du canal à Sancoins, par exemple... Je l'avais connu haut, j'en étais sûr, mais en pierre. Puis rabaissé, avec de simples garde-fous, après qu'un camion eut plongé dans le canal. Quand ? Je n'en savais rien. De toute façon, il ne servait plus à rien que ce pont soit surélevé puisque le canal du Berry ne servait plus de voie navigable... Comment tous ces détails pouvaient-ils me revenir alors que je ne savais même pas qui j'étais ? Il faudrait absolument que j'en parle à Mireille. Peut-être est-ce elle qui m'en aura parlé, puisqu'elle m'a dit qu'on était déjà venus à Sancoins ensemble ? Le pont de Mornay-sur-Allier, aussi. Il avait bien des haubans, celui-ci, mais pas de maisons alentour, à part une auberge. Je me creusai plus avant les méninges en essayant de revoir ce parcours avant Gien, avant Montargis... Nemours, peut-être ? Oui, sûrement, même. Je ne voyais que ça. Là encore, il allait falloir qu'on aille vérifier.

Mes pensées furent stoppées par l'entrée du docteur. Après m'avoir demandé si j'avais passé une bonne nuit, il examina mon épaule, sembla satisfait, et sortit en me disant qu'il allait revenir. Il ne fut pas long. À peine deux minutes. Il tenait à la main deux béquilles. Pas de simples cannes anglaises, non, des béquilles en bois qu'on place sous les aisselles, avec de larges coussinets de cuir pour le confort sous les bras. Bizarrement, ces objets me semblèrent familiers. J'avais déjà vu ce genre de choses. Où ? Je n'en avais aucune idée... Quand ? Même réponse. Le médecin me fit assoir au bord de mon lit, m'aida à prendre appui et me demanda si j'arrivais à marcher sans douleur. Malgré une petite pointe au sommet de mon épaule, je lui répondis que ça convenait parfaitement. C'est que j'avais hâte de sortir d'ici, moi. Il sourit, et à ma grande déception, m'annonça que j'allais être libre dès demain après-midi. J'aurais préféré aujourd'hui.

Pour prendre mon mal en patience, en attendant l'arrivée de mes amis, je me replongeai dans mon rêve. Je fermai les yeux afin d'essayer de reconstituer ce que la nuit m'avait appris. Il fallait que je me concentre sur autre chose que le paysage, le pont, la ville... J'essayai de penser fort à la voiture. À part son luxueux volant en bois précieux, rien ne me venait. Allez, un effort, bon Dieu !... Ah si, j'étais cheveux au vent. Plein vent, mais j'étais bien. Pas comme quand une vitre est simplement ouverte. Non. Comme si j'étais en plein air... J'y suis ! Ce ne pouvait être qu'un cabriolet. Je ne voyais pas d'autre alternative. Il faudrait que mes amis me trouvent une encyclopédie automobile, ou de vieilles revues répertoriant toutes les autos décapotables sorties jusqu'en 62. Peut-être que ma mémoire défaillante réagirait devant l'une d'elle ? C'est sans doute bête à dire, mais j'avais hâte d'être à la nuit prochaine. Enfin, encore faudrait-il qu'il revienne, mon rêve…

J'en étais là de mes espoirs quand la porte s'ouvrit sur mes deux seuls amis. Mireille eut un large sourire quand elle vit les deux béquilles contre le mur. Elle me posa un baiser sur le front tandis qu'Ernest me serrait la main avant de s'assoir dans un des deux fauteuils. Ce fut lui qui attaqua en montrant les béquilles :

- Tu y arrives ?

- Oui. J'ai bien une petite pointe douloureuse dans l'épaule, mais je n'en ai rien dit. Je suis tellement impatient de sortir d'ici !

Mireille me demanda si j'avais passé une bonne nuit. Je lui répondis qu'elle fut même excellente, relatant mes avancées perçues dans mon rêve. La ville, le pont, la voiture... Nénesse encore une fois me doucha :

- Si ça s'trouve, ça a rin à voir ! C'est p't'être un film que t'as vu avec un gars qui conduit une décapotable. Comment que tu sais que c'est toi, l'gars ?

Après une courte réflexion, je m'entendis dire :

- Ce ne peut être que moi. La sensation que j'éprouve, le bonheur de me trouver dans cette bagnole... Non, c'est bien moi qui conduis, j'en suis sûr !

Mireille renchérit :

- De toute façon, ce sont de nouvelles pistes à exploiter. Et on va le faire : il ne faut rien négliger.

Elle laissa passer un temps, puis :

- Ce qui me laisse perplexe, c'est qu'on t'a découvert sans rien sur toi. À part ton blouson qui semblait être coûteux, rien ne laissait entendre que tu puisses être arrivé en voiture. D'ailleurs, les gendarmes avaient émis l'hypothèse d'un routard. Tu sais, un de ces clochards qui se déplace de ville en ville l'été. Un peu comme les beatniks, en Amérique.

- Cette supposition ne tient pas : ils auraient retrouvé autre chose ! Je ne sais pas, moi, un baluchon, un sac à dos...

- Pas si tes agresseurs t'ont dévalisé, mon chéri. Sinon, pourquoi t'avoir mis dans cet état ? Eux, ils pensaient plutôt à une bagarre qui aurait mal tournée entre routards avinés. Pas toi, hein, tu n'avais pas d'alcool dans le sang.

- Eh bien tu vois ! Ils étaient bien à côté de la plaque !

- Sûrement... La seule chose dont ils étaient sûrs, c'est que tes supposés assassins avaient tout fait pour ne pas qu'on t'identifie : aussi bien tes mains brûlées que tes papiers volés... Là, ils en étaient certains : la poche intérieure de ton blouson était toute déchirée, comme si on avait arraché ce qui s'y trouvait.

Je ne répondis pas. C'était un autre élément à méditer. Pour détendre l'atmosphère, je leur annonçai que je sortais le lendemain. Mireille était déjà au courant. D'ailleurs, il était prévu qu'après un passage chez moi pour récupérer quelques affaires, je serais hébergé chez ses parents pour le temps de ma convalescence. Dans la chambre d'ami, bien sûr ! Ensuite, on tira quelques plans sur la comète : on allait devoir pas mal se balader dans les jours à venir. Suivre toutes les pistes, repasser par tous ces endroits. Pas trop en juillet, à part les fins de semaine. Mais en août, tous les jours ! J'espérais que d'ici là ma lanterne serait enfin éclairée.

Un peu avant sept heures, ils prirent congé. Je chipotai avec mon plateau-repas peu ragoûtant. Je me sentais nerveux, impatient... Impatient de dormir, surtout ! Et j'ai dormi. Bien, très bien, trop bien sans doute. Parce que si mon rêve obsessionnel était revenu, il ne me laissait ce matin que des bribes de souvenir. Bien sûr, je conduisais encore cette sacrée bagnole. Toujours cheveux au vent, serein. Mais des paysages entrevus, presque rien ! Des champs de blé à perte de vue pendant un instant furtif, et c'est tout. Il allait falloir patienter jusqu'à la nuit prochaine. Malgré ma sortie prévue pour cet après-midi, j'étais maussade. Qu'allais-je découvrir dehors de cette vie qui m'étais totalement étrangère ?... L'aide-soignante s'en rendit compte en m'apportant mon petit déjeuner, et je dus lui raconter que j'avais passé une mauvaise nuit due à l'impatience de sortir d'ici. Elle s'en contenta. Le reste de la journée, entre la visite du docteur Lambert, les soins apportés à mes plaies aux lèvres et le repas du midi, fut passé à ruminer des idées sombres, si bien que lorsque Mireille et Ernest entrèrent dans la chambre, le même sentiment d'inquiétude passa dans leur regard. Il fallut que je donne vite le change. Je me fendis d'un sourire rassurant en m'exclamant :

- Enfin !

Mireille portait une petite valise marron qu'elle déposa au bord de mon lit. Elle l'ouvrit en commentant :

- Je t'ai acheté un pantalon de survêtement pour que tu puisses passer ton plâtre. Mais si tu veux, on en découdra un de ville pour les jours à venir.

Ce genre de détail me laissait totalement indifférent. Sans le lui dire, je me contentai de répondre qu'elle ferait au mieux pour ces questions purement féminines, qu'elle avait toute ma confiance. Nénesse sourit ironiquement. Puis il sortit fumer une cigarette dans le couloir, pudiquement. Moins péniblement que je ne l'aurais cru, ma petite fiancée supposée réussit à me vêtir à peu près convenablement. Ce qui me choqua en cet instant, c'était justement l'accoutrement dont elle m'avait affublé. Outre le pantalon de sport bleu marine laid au possible, elle m'avait fait passer une chemisette à carreaux. Pour la chaussure, une Palladium en toile marron clair. S'il y avait une chose dont j'étais sûr, c'est que je ne m'étais jamais déguisé de la sorte. Mais je ne fis aucune remarque. Au moment où elle me tendit une montre toute simple en acier, je m'entendis dire, sans réfléchir :

- Et la mienne, de montre, elle s'est cassée dans l'accident ?

Surprise, Mireille bafouilla, l'air vexé :

- Mais c'est ta montre ! C'est une Lip que je t'ai offerte pour notre premier anniversaire...

- Désolé, je n'en ai aucun souvenir... Elle est jolie !

Pas dupe, elle insista sur mon intervention :

- De quelle montre parlais-tu, toi ?

Je ne savais pas d'où ça venait, mais j'étais persuadé de posséder une montre Ebel en or, avec bracelet en mailles d'or. Je lui en fis part. Elle se contenta de rétorquer :

- Eh bien dis donc ! Rien que ça !... Quand on t'a découvert dans les bois, tu n'avais aucun bijou. Ni montre, ni gourmette, ni chaîne. La revois-tu clairement, cette montre ?

- Euh... oui. Elle est en or, je te dis. Le fond est nacré et les chiffres ne sont qu'au nombre de quatre. Mais je ne sais pas comment ces détails me sont revenus !

- On se contentera de ça. C'est une piste supplémentaire à explorer. Bon, on y va ?

Une fois les formalités de sortie accomplies et le rendez-vous pris pour retirer mon plâtre, nous nous sommes enfin retrouvés à l'air libre. Il me fallut peu de temps pour m'habituer aux béquilles. Même les quelques marches à la sortie de l'hôpital ne me posèrent aucune difficulté. Mes deux amis s'arrêtèrent devant une Ondine Renault bicolore du meilleur effet. Beige et marron, d'une finition parfaite puisque c'était une Export. Dans cette livrée, la petite auto faisait très féminine. Pour prendre place, Ernest dut m'aider une fois mes béquilles calées entre les deux sièges. Nous partîmes en silence. Mireille avait l'air préoccupée, concentrée sur sa conduite. Le petit autoradio diffusait en sourdine l'émission quotidienne d'Albert Raisner et je crus reconnaître la voix de Johnny Hallyday sans réussir à identifier la chanson. Elle parlait de coups qui faisaient mal. Comment de telles inepties pouvaient trouver grâce aux oreilles des auditeurs ? Je m'abstins de commenter : les deux autres avaient l'air d'apprécier. Après que nous eûmes passé le pont de Loire, personne encore n'avait décroché un mot. Il fallait que je rompe ce silence. Je me tournai tant bien que mal vers Mireille :

- Tu n'as pas l'air dans ton assiette... Quelque chose ne va pas ?

Sans quitter la route des yeux, elle répondit :

- Quelques idées noires... Ne t'inquiète pas ! Je pensais juste à ton histoire de montre, tout à l'heure. Si vraiment tu possédais un tel bijou d'au moins dix fois la valeur de celle que je t'ai offerte, c'est soit que tu venais d'un milieu très aisé, soit que tu l'avais obtenue de manière illégale... Non, attend ! Ton histoire de voiture cabriolet aussi : ce n'est pas l'auto de monsieur tout le monde. Cette idée m'a ramenée à ta première agression.

- Où veux-tu en venir ?

- La manière dont tu as été molesté. Celle aussi dont tu as été brûlé avec de l'essence. Ça ressemble beaucoup à ce qu'on voit dans les films de gangsters. Et s'il ne s'était agi que d'un règlement de compte entre bandits ? Peut-être étais-tu un brigand ?

Ce mot de brigand, obsolète, me fit sourire :

- Tu n'y penses pas ? Je te l'ai déjà dit : j'ai horreur des armes, et de la violence en général. De ça, je suis sûr !

- Tu dois me trouver bête... Mais si c'était ton esprit qui repoussait toute cette violence de ta première vie ? Ce serait possible, aussi. Cette idée m'est insupportable ! Il va vraiment falloir qu'on fasse la lumière, puisque tu te souviens mieux de ton ancienne vie que de celle que tu as menée avec nous.

- Me souvenir... C'est un bien grand mot ! Mais je peux comprendre que tu ne veuilles pas passer ta vie avec un criminel potentiel.

- Oui... ce n'était qu'une hypothèse. J'ai confiance en toi, Jean. Ton regard me dit tout autre chose que mes pensées négatives et sûrement stupides. Mais je ne peux pas m'empêcher d'y penser.

Ernest, qui jusque-là avait écouté en silence, intervint :

- Jeannot, un voyou ? Ça me fait ben rigoler ! Lui qu'arrive même pas à décrocher un poisson de sa ligne sans devenir tout blanc ! C'est pas possible, faut que tu trouves aut'chose, Mimi !

Elle ne trouva rien à redire, mais parut réconfortée par la réflexion de Nénesse. L'autoradio diffusait maintenant une scie de Claude François et c'est en silence que nous arrivâmes à l'entrée d'Aubigny-sur-Nère.

VI

Jusqu'ici, la route qu'on avait empruntée ne m'était pas inconnue. Certains paysages me semblaient même familiers. Aussi, quand Mireille quitta l'axe principal menant à Bourges pour bifurquer sur une rue à l'entrée de laquelle un panneau Michelin indiquait « Vierzon - Ennordres », je me sentis comme perdu. Balayant du regard la rue de gauche à droite, je ne reconnaissais rien. Après quelques centaines de mètres, ma compagne d'infortune ralentit et se rangea à une intersection. Ernest ouvrit sa portière, nous salua, et s'éloigna dans la rue adjacente bordée de petites maisons identiques, du style coron dans le nord de la France. Pourquoi cette comparaison me venait-elle à l'esprit ? Avais-je déjà voyagé dans le Nord ?... Je n'en avais aucune idée. Encore une fois, je le savais, rien de plus. Pour masquer mon trouble, je demandai à Mireille :

- Il ne nous accompagne pas, Nénesse ?

Elle me regarda, et répondit avec un sourire espiègle :

- Ce doit être sa notion du savoir-vivre ! Il a sans doute voulu nous ménager quelques moments d'intimité... Non, sérieusement, il a sa vie, Nénesse. Il est marié, et Sylvie ne rigole pas quand il est en retard pour la soupe !

- Il est marié, lui ?

- Oui, pourquoi ? Tu ne le trouves pas mariable ?... C'est vrai que ce n'est pas un canon de beauté, mais de là à repousser les filles, il y a de la marge. De plus, Sylvie est très jolie. Enfin, je trouve. Son mariage, on y était tous les deux, l'année dernière...

- Ah ! Si tu le dis...

Elle redémarra en silence. Quelques centaines de mètres plus haut, le paysage changeait, s'industrialisait. On passa devant deux grandes usines, puis Mireille tourna sur la droite vers une sorte de bâtisse basse moderne, tout en longueur. Plusieurs portes d'une symétrie parfaite faisaient penser à un motel à l'américaine. Elle descendit, attrapa mes béquilles et m'aida à m'extraire de la voiture. Puis elle attrapa une clef dans son sac et se dirigea vers une des portes :

- Viens ! C'est là que tu vis. Ce sont de petits logements mis à la disposition des ouvriers célibataires par l'usine. Ça ne te dit rien ?

Tout en commentant, elle avait déverrouillé et ouvert la porte. Une chambre spartiate, impersonnelle au possible, avec un lit pour une personne, un chevet, un placard mural et deux chaises. Sur la gauche, un coin cuisine avec une gazinière de fortune, une table minuscule et encore deux chaises. Au fond, la porte ouverte laissait voir un cabinet de toilette. Sans répondre immédiatement, je m'avançai jusqu'au dit cabinet. Un simple lavabo surmonté d'une tablette, et une cuvette de toilette dans l'angle opposé. Je me retournai et répondit à sa question par une autre :

- J'ai vraiment vécu là-dedans ?

- Bien sûr. Il y a plus de deux ans que tu vis ici ! Pourquoi ?

- Je n'en ai aucun souvenir ! Il n'y a même pas de douche, là !

- La douche, tu la prends à l'usine !

Elle avait l'air navré. Elle se laissa tomber sur le lit, désabusée :

- Pourtant, il s'en est passé des choses, ici !

Tant bien que mal, je m'assis à côté d'elle. Près, tout près :

- Ah bon ?

Elle prit mon visage entre ses mains. Je sentais une de ses paumes sur les brûlures de mon cou. En aucun cas elle n'avait l'air gênée par ce contact qui moi me faisait frissonner. Elle balbutia :

- Je ne peux même pas t'embrasser, avec tes points sur la bouche...

Taquin, je demandai :

- Parce que tu le faisais souvent, ici ?

- Oh oui ! Si ce n'était que ça !

Elle avait rougi en disant ça :

- Parce que... Il s'est passé d'autres choses, ici ?... Tu veux dire qu'on… ?

- Bien sûr, idiot ! Mais toujours avec les précautions d'usage !

Doucement, je me dégageai de ce qui allait devenir une étreinte. À son contact, je ne pourrais pas résister longtemps. Parce qu'elle m'attirait, Mireille, irrémédiablement. De ça, j'étais certain. Mais j'avais d'autres idées en tête. J'étais résolu plus que jamais à recouvrer ma vie. Mes vies, même, si c'était possible. Si je commençais à retrouver une forme de quiétude avec elle, j'avais peur de ne plus me contenter que de ce bonheur tout neuf et de tiédir dans mes recherches. Or, la priorité, c'était ces recherches, justement. Tout mon corps me le demandait. Avant de m'engager dans quoi que ce soit, il fallait que je sache !

Pour ne pas la froisser et éviter de lui expliquer qu'elle n'était plus ma préoccupation première, je fis semblant de m'intéresser au contenu du placard. Appuyé sur une seule de mes béquilles, j'en ouvris la porte. À droite, une penderie. À gauche, plusieurs rayonnages. Côté penderie, deux complets-vestons. Un noir et un marron clair. Plusieurs pantalons bien repassés sur cintre. Deux chemises blanches et plusieurs à carreaux soigneusement rangées. Enfin, un manteau d'hiver et un blouson de demi-saison. Dans le bas, une paire de chaussures de ville noires et une autre de travail. Côté rayons, des sous-vêtements sur celui du haut. Juste en dessous, une pile de maillots à droite et une autre de pullovers à gauche. Pas du meilleur goût, les pulls. Sur le rayon suivant, des bleus de travail pliés avec soin. Tout m'était inconnu, rien ne me correspondait. À côté, un tourne-disque Tépaz et un poste de radio Optalix de couleur orange. Debout sur la tranche, plusieurs 33-tours prenaient appui contre le mur. Je pris le premier : Sydney Bechet... *Petite Fleur*. L'air me revint bizarrement en tête. Je pris le suivant : Serge Reggiani à l'Olympia. Là, ça ne me disait rien. Jusqu'ici, Mireille m'avait laissé faire en silence. Quand j'attrapai le troisième disque, un Mouloudji, elle remarqua :

- C'est ce que tu aimes... Ce ne sont pas nos goûts musicaux qui nous ont rapprochés.

- Pourquoi ? Tu aimes quoi, toi ?

- Disons que je suis plus moderne... François Deguelt, Sheila... J'adore Sheila ! Et puis Claude François, Johnny, ou encore Sacha Distel. Dans tes disques, j'aime bien Henri Salvador parce qu'il me fait rire, mais à part ça...

- Ouais... Je ne me souviens pas de la moitié de ceux que tu viens de citer, alors !

Je continuai l'exploration du dernier rayon. Plusieurs livres. Les premiers, techniques, concernaient mon supposé métier. Des manuels de mécanique générale. Puis quelques romans, des classiques. Hugo, Flaubert, Stendhal. Enfin, un recueil de poésie de Jacques Prévert.

- Je ne suis pas très moderne dans mes lectures, non plus... à part Prévert !

- Je ne sais pas... Je ne lis pas beaucoup. Mais j'aime bien ton livre de poèmes, là. Il y en a de très drôles !

J'osai une question :

- Qu'est-ce-qui nous a attirés, alors ?

Elle posa sur moi un regard tendre :

- Un peu tout ça, peut-être ! Tu n'étais pas comme les autres. Tu ne passais pas tes soirées au bistrot. Enfin, pas longtemps ! Tu préférais revenir ici et lire, écouter tes disques... Mais c'est surtout l'amour, mon chéri. Comme je te l'ai dit, dès que je t'ai vu, j'ai su... Enfin, pour moi !

Je baissai la tête :

- Pour moi aussi, je pense. C'est exactement ce que j'ai ressenti quand je t'ai vue entrer dans la chambre, l'autre jour.

Un petit sourire éclaira son visage :

- C'est déjà ça !

J'allais refermer le placard quand elle stoppa mon geste :

- Prends ton poste, si tu veux. Pour tes habits, j'ai déjà fait un sac que j'ai laissé chez mes parents. On t'a préparé l'ancienne chambre de mon frère, avec maman.

Je me retournai, surpris :

- Tu as un frère ? Où va-t-il dormir, lui ?

- Ah oui, c'est vrai que tu as oublié. Il faut que je m'y fasse ! Que je te guide, que je te ré-apprivoise... Oui, j'ai un frère. Henry. Tu le connais, bien sûr. Et il va dormir chez lui, puisqu'il s'est marié il y a déjà quelques années et n'habite évidemment plus chez mes parents. Il est à Blois, il travaille aux « Chocolats », à l'entretien. J'ai une petite nièce, aussi. Sophie. Elle a trois ans et tu l'adores !

Décidément, il restait encore pas mal de cases à remplir pour que je puisse donner le change. Je demandai :

- Que sont ces « Chocolats » dont tu parles ?

- La chocolaterie Poulain, au cœur de Blois. Elle parfume toute la ville, d'ailleurs.

- J'y suis déjà allé ?

- Bien sûr ! Avec moi, deux fois ! Avant, je ne sais pas.

- Je n'en ai aucun souvenir. Pourtant, on dit que la meilleure mémoire est la mémoire olfactive. Et j'adore le chocolat, j'en suis sûr !

- Je sais... Bon, il faut qu'on y aille, maintenant. Tiens, prends aussi les manuels de mécanique. Il faut bien que tu t'y replonges, pendant tes vacances forcées. Nénesse m'a dit qu'il passerait demain, pour t'expliquer le boulot.

Je lui obéis et refermai le placard. Elle prit le poste de radio et les livres avant de continuer :

- Ah, au fait, mes parents s'appellent Maurice et Suzanne. Tu les appelles par leur prénom, mais tu les vouvoies. Mon père t'adore, te trouve sérieux dans ton travail, et maman te vénère comme un dieu.

Interloqué, je m'arrêtai sur le pas de la porte :

- Pourquoi me briffes-tu de la sorte ? Tu ne leur as rien dit de ma... nouvelle situation ?

Gênée, elle baissa la tête, collée à la porte :

- Je n'ai pas tout avoué, disons... Je leur ai simplement dit que tu étais un peu perdu, que tout s'embrouillait encore dans ton esprit. Pas que tu étais reparti pour une troisième vie ! Ils n'auraient pas compris. Et puis je suis sûre que tout va rentrer dans l'ordre. Que tu vas refaire surface. Regarde déjà, avec tes rêves...

- Mes rêves ! Ils ne concernent en rien ce que je découvre aujourd'hui. Je suis sur une autre planète, là ! Où est ma voiture ? Ici, je roule en mobylette !... Je n'ai jamais eu de mobylette ! Et ma montre, hein ? J'y tenais, à ma montre !

Une larme perlait au coin de son œil. J'étais allé un peu loin. Elle tira la porte et referma à clé, puis se dirigea vers la voiture :

- Allez, viens ! Dès demain, on va s'attaquer à notre enquête. Si tu veux, on ira se promener du côté de la Bifure. En refaisant tout le chemin, autant de fois qu'il le faudra, on finira bien par éclaircir ce mystère !

Sans doute avait-elle raison. Ou pas. Mais il était indispensable qu'on exploite le moindre détail de cette fameuse nuit. J'avais plein d'idées. Plein de questions, aussi.

Ce soir-là, je fus reçu par des gens charmants. Un peu comme un fils. Ils ne me posèrent pas de questions, et mirent mon silence sur le compte de la fatigue d'une journée éprouvante. Mireille vint m'installer dans une chambre assez exiguë mais chaleureuse. Elle posa mon poste de radio sur un des deux chevets. Elle m'aida à me déshabiller, et le rouge me vint aux joues. Elle semblait beaucoup s'amuser. Après avoir effleuré mon front d'un baiser léger, elle me dit :

- Si tu as besoin de quoi que ce soit dans la nuit, tu tapes sur le mur : c'est ma chambre, derrière. Bonne nuit !

Dès qu'elle fut sortie, j'actionnai le bouton de la radio. Elle était réglée sur Europe Numéro Un et un chanteur scandait que même si elle revenait, ça ne lui ferait rien, ou quelque chose comme ça. Futile, insignifiant ! Je tournai le bouton des stations pour finalement tomber sur Radio Luxembourg où une chanson anglo-saxonne plus rythmée correspondait mieux à mes goûts. Il y était question d'un gars qui n'arrivait pas à ce qu'il voulait, mais qui essayait. Pas mal ! Suivirent d'autres chansons toutes aussi attrayantes. Malgré une journée chargée, je n'arrivais pas à trouver le sommeil, tournant en tous sens ce que j'avais dans la tête. Aux informations de minuit, j'avais mis la radio en sourdine. Une voix douce envahit soudain la pièce. Je prêtai l'oreille. Une femme répondait aux appels des auditeurs et tentait de résoudre leurs problèmes avec un ton si suave que quoi qu'elle dise, on s'en trouvait réconforté. Grégoire, qu'elle s'appelait. Minnie ou Ménie, je n'avais pas bien compris son prénom. Il faudrait peut-être que je l'appelle. Sans doute pourrait-elle m'aider ?... Non, je n'étais ni dépressif, ni malade, ni délaissé. Elle non plus ne pouvait rien faire pour moi. C'était juste agréable d'entendre que d'autres avaient des problèmes. J'en oubliais les miens pour quelques heures.

Je dus m'endormir au son de sa belle voix, parce qu'au réveil, le lendemain, alors que le jour filtrait à travers les volets, un type donnait à la radio des pronostics pour le tiercé du lendemain. Je coupai le son du poste. Il me fallait du calme. Avoir les idées claires. Le rêve était revenu, plus complexe cette fois. Si j'étais toujours au volant de la belle décapotable dont je ne distinguais toujours pas le modèle, une voix off répondait aux questions que je lui posais. La voix de la dame de cette nuit, à la radio. Elle avait étrangement pris le visage de Mireille. Quel sac d'embrouilles ! Tout se mélangeait. Sur la route, un premier village tout en longueur, puis encore la campagne, légèrement boisée cette fois. Et toujours cette grande ligne droite. Quand je demandais à la voix si elle savait où on était, elle me répondait suavement que je n'étais pas assez précis. Je ne pouvais décrire que ce que je voyais ! Pas assez précis, tu parles ! La route continuait, alternant forêt et prés bien verts. Le soleil avait décliné, sur ma droite. J'en déduisis que je me dirigeais plein sud. Une petite descente, un autre village tout en longueur, un croisement dont je ne distinguais pas les destinations. La petite voix douce ne savait pas non plus... Eh, ce n'était qu'un rêve que je tentais de reconstituer !... J'étais en sueur. Mais je n'en avais pas terminé. J'étais sûr d'avoir vu autre chose. Après un énorme effort de concentration, je me vis ralentir. La route s'ombrageait. Je fus parcouru d'un frisson. La fraîcheur qui tombait ? Je ne sais pas... Au loin, deux silhouettes se détachaient au bord de la route. Puis plus rien. J'avais beau faire le vide, essayer de voir encore : rien ! C'est à ce moment qu'on toqua à ma porte. Je m'entendis répondre d'entrer. Mireille ouvrit, un large sourire aux lèvres, déjà habillée d'une jolie robe en cotonnade bleu pâle. Toute pimpante, elle dit :

- Tu as passé une sacrée nuit, dis donc ! Il est plus de dix heures.

Comme elle s'approchait du lit, je répliquai :

- Ne crois pas ça !

Et de lui narrer la dame de la radio, mon rêve de plus en plus net, malgré son intervention et celle de la voix, et ma frustration de ne pouvoir en distinguer plus. Quand j'en eus fini, elle sembla satisfaite :

- Qu'est-ce-que je t'avais dit ? Il est revenu, ton rêve, et il reviendra encore... Deux silhouettes, dis-tu ? Sans doute des promeneurs à la fraîche...

- Je ne sais pas... J'ai l'impression qu'elles me faisaient face.

- C'est normal, on marche toujours face aux voitures : question de sécurité.

- Oui, mais je n'ai pas l'impression qu'elles marchaient, justement. On aurait dit qu'elles m'attendaient ! Mais ce n'est qu'un rêve, hein ?

- Oui, bien sûr... Tu sais ce qu'on va faire, aujourd'hui ? Après le déjeuner, on va aller se promener du côté de la Bifure.

- Si tu veux. Tu me l'as déjà dit hier !

Le déjeuner fut agréable, les parents de Mireille toujours aussi prévenants. Le seul moment pénible de la matinée fut de me regarder dans le miroir de la salle de bain. Pas rasé depuis presque une semaine à cause de ma lèvre et de ma joue vernissée, je ressemblais à s'y méprendre à un clochard. J'aurais tendu la main dans la rue, on m'aurait donné cent balles ! Et cette brûlure dans le cou qui montait jusqu'à mon oreille, je ne m'y faisais toujours pas ! Mes mains reptiliennes, je commençais à m'y habituer. Si dans la gauche, je n'avais plus aucune sensibilité, la droite, malgré le demi-doigt manquant, restait réactive. Quand même, j'avais encore du mal à les regarder, et surtout, je ne les reconnaissais pas.

Après manger, Ernest vint prendre le café avec nous. Mireille avait raison : son épouse était charmante. Pas vraiment jolie, mais charmante. Il fut décidé qu'on partirait en balade tous les quatre. En forêt, avait-on dit aux parents de Mireille, par ce beau samedi ensoleillé. Pour donner le change, bien sûr.

VII

La Dauphine roulait tranquillement en traversant Argent-sur-Sauldre. À la sortie, Mireille ralentit et actionna son clignotant vers la gauche. Elle rangea la voiture quelques dizaines de mètres plus loin, puis me demanda :

- C'est ici que la bétaillère t'a renversé. Ça t'évoque quelque chose ?

Je tournai la tête en tous sens, puis :

- Rien... Absolument rien !

- Bon. J'aurai essayé...

Elle paraissait triste, en cet instant. La femme de Nénesse, jusque-là silencieuse, intervint :

- Alors c'est vrai, Jeannot, t'as encore tout oublié ?

Elle avait rougi en parlant, faisant ressortir encore plus son bon teint de campagnarde. On aurait dit que je l'intimidais. Je lui souris comme pour la rassurer :

- Tout, je ne sais pas, mais ma vie avec vous, je n'en retrouve aucune trace. Je suis comme un aveugle, si tu veux, et vous trois êtes comme ma canne blanche. La seule chose dont je suis sûr, c'est de mon attachement à Mireille. Maintenant, reste à en déterminer la cause, et je comprends qu'elle en soit inquiète, parce que moi aussi... Est-ce vraiment de l'amour que je lui porte, ou la fidélité d'un chien pour son nouveau maître ? Je n'en sais rien et ça me tracasse, crois-moi !

- En tous cas, tu causes toujours comme un livre ! Pour ça, t'as pas changé...

Pendant cette petite discussion, Mireille avait fait demi-tour au premier chemin et avait repris la route de Gien. Le silence s'était installé. On laissait chanter la radio. Après ma nuit mouvementée, j'avais tendance à m'assoupir. On avait pris la direction de Montargis. Arrivés à la jonction avec la Nationale 7, ma fiancée tourna à gauche et se rangea sur le parking d'une sorte de grande auberge au fronton de laquelle on pouvait lire : « La Bifure. » L'endroit, sans dire qu'il m'était familier, me disait quelque chose, cette fois. Sans rien dire, j'ouvris la portière. Intrigués, les trois autres en firent autant. Nénesse attrapa mes béquilles et me les tendit. D'instinct, je me dirigeai vers le fond du parking, jusqu'à l'orée d'un bosquet. Ils me suivirent. Je m'arrêtai, me retournai et contemplai les alentours :

- Ici, j'y suis déjà venu, j'en suis sûr ! Par contre, le troquet ne me dit rien. Je n'ai jamais dû y mettre les pieds. Bizarre, non ?

Mireille avait pris un air enjoué. Fini la moue maussade de tout à l'heure :

- On le sait, que tu es déjà venu ici. L'important, c'est que tu t'en souviennes. En 62, on t'a retrouvé un peu plus loin, enfoncé dans ce petit bois. Viens voir !

À l'entendre, j'avais reculé d'un pas. Elle glissa doucement son bras sous mon bras valide et dit :

- Il le faut, Jean. C'est un mal nécessaire. Nénesse va nous ouvrir le passage.

On le suivit en file indienne, doucement, parce que les béquilles n'étaient pas adaptées à ce terrain. Quelques trente mètres plus loin, Ernest s'arrêta :

- C'est là ! Mais on est déjà v'nus, nous quatre, une bonne dizaine de fois ! Tu t'en rappelles-t-y ?

Une forme de toute petite clairière propice aux ramasseurs de champignons. Jamais je n'étais venu jusqu'ici.

- Non... et de cet endroit non plus ! Si je me souviens du parking, ce fourré ne me dit rien... Si ça se trouve, je m'y suis juste arrêté pour pisser, au fond du parking.

Personne ne trouva rien à redire, et on fit demi-tour. Mireille conclut notre visite en disant :

- Une chose est sûre : c'est lors de ta première vie que tu t'es arrêté là. Et ça, c'est bon signe. Bon, où va-t-on, maintenant ?

- Je ne sais pas... Les gens du bistrot, là, on leur a demandé s'ils avaient vu ou entendu quelque chose, cette nuit-là ?

- Tu penses bien ! Mais c'est toujours plein de routiers, ici, et les serveuses ne font pas attention à tout. Une chose est sûre : personne ne t'avait jamais vu avant le drame. Pour le reste, ils ne se sont rendu compte de rien... Alors, où va-t-on ?

Je regardai ma montre. Déjà presque quatre heures de l'après-midi. Aurait-on le temps de trouver ce que je cherchais ?

- J'aimerais bien qu'on remonte vers Montargis. Il n'est pas trop tard ?

- Si tu veux... On mange chez Nénesse et Monique, ce soir, donc on a le temps.

Ernest confirma :

- Oué ! Ma chérie a préparé un cuissot d'chevreuil que son p'pa nous a filé ! Avec un p'tit sancerre rouge, ça va passer tout seul !

Mireille, alors qu'elle reprenait la route, me demanda :

- Tu penses retrouver quoi, plus haut ?

Je lui souris :

- Le rêve, Mireille, le rêve...

Elle acquiesça et roula en silence. On se contenta de la voix d'Albert Raisner à la radio qui interrogeait un certain Polnareff à la voix nasillarde... Nogent-sur-Vernisson... Quand l'interview fut coupée par une chanson de ce Michel Polnareff, la voix ne nasillait plus : elle était tout simplement sublime. Par contre, les paroles de sa chanson, une poupée qui ne savait que dire non... Enfin, bref !... Au niveau de Solterre, Nénesse émit le souhait de s'arrêter pour nous offrir à boire. Un bar routier en bord de route fit l'affaire. Les filles, sans doute par mimétisme, prirent chacune un diabolo-menthe. Nénesse, sans me solliciter, commanda deux Kronenbourg, puis il m'interrogea :

- Alors, tu r'connais quèque chose, sur c'te route ?

- La route m'est familière. Je reconnais les villages qu'on traverse. Mais pour l'instant, rien à voir avec mon rêve.

- Ah ? Ben on va monter plus loin.

Une fois désaltérés, nous reprîmes la route. Pas longtemps... La Commodité... Toujours rien... Au niveau de Mormant-sur-Vernisson, j'interpellai Mireille :

- Tu peux t'arrêter et faire demi-tour, s'il te plaît ?

Sans poser de question, elle prit un parking routier et repartit dans l'autre sens. Je la priai encore :

- Va doucement, si tu peux...

À quarante à l'heure, on quittait le village, ralentissant les voitures qui s'entassaient derrière nous. Soudain je criai :

- Stop !... Enfin, dès que tu peux.

Elle actionna son clignotant et se rangea sur le bas-côté.

- C'est là !

- C'est là, quoi ?

- C'est d'ici que j'ai aperçu les deux silhouettes au bord de la route, à l'entrée du bois, là-bas. Je revois très bien la petite maison basse, sur la droite... C'est bizarre, je n'ai pas vu la traversée de Montargis, dans mon rêve.

- Comme tu le dis, ce n'est qu'un rêve. C'est sans doute qu'il ne s'y est rien passé de déterminant, à Montargis.

- Tu as sans doute raison... Dis, tu t'es renseignée sur les revues ou les livres pour les autos cabriolets ?

- Oui... Ils n'en avaient pas, à Aubigny, mais ils me l'ont commandé. C'est un beau bouquin, mais le prix aussi. Mille cinq cents balles ! Enfin, quinze francs, si tu préfères. Ils l'auront mercredi ou jeudi.

- Je le paierai, ne t'inquiète pas !... Maintenant, j'aimerais bien savoir pourquoi j'ai ralenti à ce moment-là. Mais j'ai beau y réfléchir, rien ne me vient ! Vivement la nuit prochaine !

Nous sommes rentrés tranquillement. Le dîner chez mes nouveaux amis fut agréable. On parla de tout et de rien. Mais pas de ma situation, sans doute par pudeur. Le soir, après que Mireille m'eut souhaité une bonne nuit, je me rendormis encore avec la voix de madame Grégoire. Rapidement, lourdement.

La voix désagréablement grave d'un journaliste annonçant les résultats sportifs du samedi me tira du sommeil. J'ouvris les yeux. Il faisait à peine jour. Je consultai ma montre : six heures et des broutilles. Rageusement, je coupai le son du poste et me retournai pour essayer de retrouver le sommeil. Impossible. J'étais en colère. Mon rêve n'était pas revenu. Pas de beau cabriolet, pas de Nationale 7, pas de silhouettes se profilant à l'horizon non plus. Sans doute avais-je un peu trop forcé sur le sancerre hier soir chez Nénesse. J'aurais dû refuser la petite prune qui suivait le café, aussi. Alors que je tentais de me rendormir, d'autres images s'imprimaient sur ma rétine. Vision à laquelle je ne comprenais pas grand-chose. Ce que j'avais rêvé cette nuit-là était complètement hors sujet. Un petit garçon de six ou sept ans tendait ses mains à un vieil homme qui les examinait avec attention, les retournant, massant la pulpe de chaque doigt. Il parlait à une personne que je ne voyais pas, sûrement placée derrière l'enfant. Avec un accent berrichon à couper au couteau, il lui disait : « Avec des mains pareilles, c'est pas un vielleux que faut qui fasse, ton ch'tiot ! Faut que t'en fais un violoneux ! » Ensuite, le vieil homme rejoignait tout un groupe de musiciens en tenue traditionnelle, biaude noire sur liquette blanche, chapeau noir et sabots. Ils montaient tous sur une estrade et commençaient à jouer des airs du folklore berrichon. L'ancien était au violon, bien sûr. Puis les images se mettaient à tourner, montrant une foule de gens tapant dans les mains, esquissant quelques pas de danse. Ensuite, plus rien. Je ne comprenais pas ce que tout cela voulait dire. Qui pouvais-je bien être, dans tout ce micmac ? Et où étions-nous, d'abord ? Étais-je ce petit garçon ? Ou alors avais-je assisté à cette scène de l'extérieur ? Autant de questions auxquelles je ne trouvais aucune réponse. Juste des hypothèses. Si j'avais été l'enfant, je ne l'aurais pas vu distinctement... Quand j'étais dans la voiture, cheveux au vent, je ne me voyais pas puisque j'étais moi ! Là, on aurait dit que j'observais la scène. Mais ce n'était qu'un rêve, après tout ! Qui sait ce que ça voulait dire ? J'avais hâte d'en parler à Mireille, mais je n'allais quand même pas taper dans le mur aux aurores. Je me saisis d'un des manuels de mécanique ramenés de mon appartement, et commençai à le feuilleter. De page en page, tout me semblait logique et facile, mais je n'arrivais pas à chasser la vision du petit garçon, en surimpression permanente. Cette image obsessionnelle m'agaçait au plus haut point. J'allais rallumer la radio quand la porte s'ouvrit. La tête de Mireille apparut dans l'embrasure. Voyant que j'étais réveillé, elle murmura :

- Je peux entrer ?

- Bien sûr ! Déjà debout, un dimanche ?

Elle referma doucement la porte et vint s'assoir au bord du lit du bout des fesses :

- Oui... C'est la faute de papa. Il est parti à six heures à la pêche avec un copain. Du coup, maman s'est levée aussi pour lui préparer son café. Et ils ont réveillé toute la maisonnée. Là, maman est partie se recoucher. Toi aussi, ils t'ont dérangé ?

- Maintenant que tu le dis, c'est possible. J'ai cru que c'était la radio que j'avais oublié cette nuit...

Elle s'installa plus confortablement sur le lit. Vêtue d'une simple chemise de nuit, elle était plus que jamais attirante. Elle se posa sur un coude et me demanda :

- Alors, tu as bien dormi ?... Ton rêve est revenu ? Tu as vu tes deux ombres ?

- Bien dormi, oui, je pense. Quant à mon rêve, aucune nouvelle ! C'est autre chose qui est venu me visiter, cette nuit. Une bizarrerie que je n'ai pas comprise. Dis-moi, Mireille, quand tu rêves, est-ce-que tu te vois ?

Elle me fixa d'un air étonné, puis, après un temps de réflexion :

- Drôle de question ! Je t'avoue que je n'y ai jamais fait attention.

- Bon, par exemple, qu'as-tu rêvé cette nuit ?

- J'ai rêvé de toi, idiot !... On était tous les deux...

- Justement ! Si on était tous les deux, te voyais-tu ?

Elle réfléchit :

- Euh... Non, je ne crois pas. Pourquoi me demandes-tu ça ?

Par le détail, je lui exposai la scène du vieux musicien, l'enfant, la foule. Elle parut plus qu'intéressée :

- C'est captivant ! Je crois que ce gamin, c'est toi ! Ce doit être ton subconscient ou ton inconscient, je ne suis pas spécialiste, qui veut te montrer à quoi tu ressemblais quand tu étais petit. Il faudrait consulter un psycho quelque chose pour avoir une véritable explication.

- Sûrement pas, au prix que ça coûte ! Je démêlerai ça tout seul... Enfin, avec toi, si tu le veux bien.

- Évidemment que je le veux ! Et le plus tôt sera le mieux. Parce que si je suis sûre de t'aimer, je ne suis plus sûre de qui tu es... Je veux dire que tu n'es plus le Jean que j'ai connu, même si je retrouve en toi tout ce qui m'a attirée. Tu comprends ?

- Bien sûr que je comprends ! Moi, je pourrais vivre trois, quatre, dix ou cent vies, je suis certain que tu seras toujours celle vers qui j'irai ! Je l'ai compris dès que tu es entrée dans la chambre de l'hôpital, l'autre jour.

Elle se pelotonna contre moi, un sourire tendre accroché aux lèvres. Puis elle s'écarta brusquement :

- Veux-tu dire que pour le mariage, on ne change rien ?

Je pris un air fataliste, accompagné d'un sourire complice :

- Si c'était prévu...

Elle revint se blottir sur mon épaule :

- Dis-moi, dans ton rêve, là, tu n'as pas reconnu un lieu ?

- Pfff, non. On aurait dit un vieux parquet-salon, bleu aux montants rouges. Mais c'est tout !

- Ouais... Peut-être qu'il reviendra, celui-là aussi. Laissons le temps au temps.

Elle se serra plus près de moi, glissant ses jambes sous les couvertures :

- Oh ! Fais attention à ma jambe !

- Elle ne risque rien, ta jambe : tu as un plâtre !

En disant ça, elle commençait à m'embrasser dans le cou. Impression étrange sur ma peau lissée par la brûlure.

- Eh ! Si ta mère se réveille ?

- Et alors ? Elle n'osera jamais entrer ! C'est mon père qu'il faut craindre. Et il ne rentrera que ce soir !

Ses manœuvres devinrent de plus en plus précises, et ce qui devait arriver arriva.

VIII

Ce fut un moment inoubliable. Drôle de mot, dans ma bouche, non ? Avais-je déjà vécu une telle félicité ? Avant que je ne pose la question à Mireille, ce fut elle qui, toujours blottie contre moi, chuchota à mon oreille :

- En tout cas, pour ça, tu es toujours mon Jeannot ! Gauche mais prévenant, fougueux et tendre en même temps...

- Parce que ça s'est déjà produit ? Si oui, désolé, je n'en ai aucun souvenir... Mais s'il le faut, je suis prêt à revivre mille vies différentes si je revis mille fois cet instant !

Elle rosit, me regarda de son petit œil mutin :

- Bien sûr qu'on l'a déjà fait... Quelques fois, pas tous les jours ! Pour moi, pas besoin de vivre plusieurs vies : c'est toujours aussi magique, avec toi ! J'espère bien qu'il en sera de même pour toi.

- Pourquoi dis-tu « avec moi » ? Il y en a eu d'autres, avant ?

Son visage s'assombrit :

- On en a déjà parlé, Jean. Oui, il y en a eu un autre, avant toi. Un seul. Je l'ai connu à Bourges, pendant mes études. J'en étais folle amoureuse, comme on peut l'être à seize ans. Il en a bien profité, pour finir avec ma meilleure amie de l'époque... Rien que de très classique, tu vois ! Après, plus rien jusqu'à toi. J'étais devenue méfiante.

Que répondre ? J'étais bien embêté, maintenant.

- Je suis navré d'avoir réveillé ces vieux souvenirs. Excuse-moi !

- Navré... C'est ce que j'aime chez toi, mon chéri. Tu trouves toujours de vieux mots que plus personne n'utilise ! Mais ne sois pas... navré, tout ça est loin aujourd'hui que tu es là ! Allez, il va falloir qu'on se lève. J'ai prévu un petit programme pour la journée.

- C'est-à-dire ?

- Je t'emmène au restaurant à Bourges. Moi aussi je réfléchis, figure-toi ! Ce qui s'est passé à la Bifure ne t'évoque plus rien, alors je me suis dit qu'il fallait qu'on cherche ailleurs. Comme tu m'as dit que tu revoyais la route jusqu'au-delà de Sancoins, on va la refaire, cette route, par étapes. Aujourd'hui, on va se promener dans Bourges. Peut-être que tu reverras quelque chose. Et j'ai posé mon mercredi pour qu'on aille à la foire à Sancoins. De là, tu retrouveras sans doute la fin de ta destination...

- Bien raisonné. Je ne sais pas ce que ça donnera. Dans le pire des cas, on aura fait de belles balades.

Elle sourit, m'aida à sortir du lit. Après un petit déjeuner frugal et les recommandations d'usage de sa maman, nous nous sommes retrouvés à sillonner la grande ligne droite de près de cinquante kilomètres qui menait à la cité de Jacques Cœur. Un grand soleil inondait la campagne berrichonne. J'avais ouvert le petit déflecteur de la Dauphine afin de ne pas m'endormir, bercé par le ronronnement de la voiture. Juste après La Chapelle D'Angillon, nous fûmes ralentis par une charrette de foin tirée par un tracteur. Un gamin perché au faîte des bottes nous souriait en nous faisant coucou. Mireille lui répondit par un appel de phares. Je ne suis pas sûr que le gamin le vit. Le flot incessant de promeneurs du dimanche nous empêcha un bon moment de dépasser l'attelage. Enfin, quand elle déboîta pour reprendre une allure normale, je m'entendis penser à haute voix :

- J'aimais bien faire ça quand j'étais gamin...

La voiture fit un écart tandis que Mireille me regardait en s'exclamant :

- Qu'est-ce-que tu dis ?

Surpris moi aussi par ma réflexion, je lui retournai :

- Regarde ta route ! Je disais que j'aimais bien ramasser le foin et la paille quand j'étais gamin. Empiler les bottes sur la remorque, regarder les andouilles en voiture qui n'arrivaient pas à nous doubler, comme le petit gars, tout à l'heure.

- Mais comment tu le sais ?

- C'est encore là le hic. Je m'en souviens, c'est tout ! Et ça, je ne l'ai pas rêvé...

- Te rappelles-tu où c'était ?

- Et non !

- Et le tracteur ? Tu le revois, le tracteur ?

- Oui... Il n'était pas aussi moderne que celui qu'on vient de doubler. C'était un vieux tracteur orange à courroie. Ce qui me mine, là, c'est que je n'arrive pas à en distinguer le conducteur.

- Ah... Mais c'est quand même une bonne nouvelle ! On sait maintenant que tu étais à la campagne. Sans doute que tes parents étaient agriculteurs ?

- Ou pas ! Ce pouvait être aussi mes grands-parents, ou des oncles, ou même simplement les parents de copains... Peut-être faisais-je les foins pour aider et me faire un peu d'argent de poche... On fait beaucoup ça à la campagne, non ?

- Oui, tu as raison... Mais c'est quand même une bonne avancée. Il va falloir que je prenne un carnet pour noter tout ce qu'on découvre, et opérer des recoupements. On va y arriver, j'en suis sûre.

Sa détermination faisait plaisir à voir, en même temps qu'elle me redonnait le moral. Au fil de la discussion, on était arrivé dans la banlieue berruyère, après avoir passé Fussy. C'est en silence qu'on finit le trajet jusqu'à ce qu'elle gare la voiture sur le parking de la gare. Elle m'aida à m'extirper de la petite Renault, me tendit mes béquilles, et me guida jusqu'à la brasserie du Cygne. En terrasse, nous avons mangé sans plus parler de ma situation, comme un couple normal. À la fin du repas, elle décida de me montrer le centre historique, des fois que je reconnaisse encore quelque chose. La ville me semblait assez familière, mais ne m'évoquait rien de plus. Du moins autour des lieux touristiques qu'elle avait décidé de me faire découvrir : le palais Jacques Cœur, la cathédrale Saint-Étienne, les Prés Fichaux... Tant pis ! Nous revînmes à Aubigny en fin d'après-midi, néanmoins heureux de notre journée. Le soir, au cours du dîner, Maurice était d'humeur joyeuse. La pêche avait été bonne, là-bas, à l'étang du Puits. Après nous avoir demandé par politesse si on avait passé une bonne journée, il attaqua sans ambages sur la sienne :

- On s'était mis au ponton où que tu vas avec le Nénesse. On n'avait pas sitôt mis les lignes à l'eau qu'on avait déjà des touches !

Je hochai la tête en signe d'approbation. J'espérais juste qu'il n'allait pas trop entrer dans le détail. Il continua :

- Une pleine bourriche de friture ! Et pis deux carpes. Pas comme vous autres, l'aut'jour... Faut dire que c'était pas ton jour, hein ?

Il parlait sans doute du jour de mon accident. J'acquiesçai. Heureusement, il changea de sujet, voyant que sa performance poissonneuse ne mobilisait que peu d'intérêt :

- Bon, c'est quand qu'ils te l'ôtent, ton plâtre, là ? C'est qu'on a encore du boulot, dans votre logement, en bas ! J'sens ben que j'vas encore m'y taper tout seul !

Mireille répondit pour moi, me sentant perdu :

- Pour le plâtre, il faudra encore attendre un peu plus de quinze jours. Et pour finir l'appartement, on viendra bien t'aider, tous les deux.

Je ne savais même pas de quel appartement ils parlaient. Il faudrait qu'elle me tienne au courant, tout à l'heure. Sitôt le repas fini, nous prîmes congé, prétextant la fatigue de la journée, tandis que mes beaux-parents s'installaient devant la télévision pour le film du dimanche soir. Une fois seuls, je demandai à Mireille :

- Qu'en est-il, de cette histoire de logement ?

- Désolée. J'ai complètement oublié de t'en parler. Il y a deux mois, un des amis de mes parents nous a fait savoir qu'il louait un appartement rue du Prieuré, en plein centre. Au-dessus du bureau de tabac. Mais il était à rafraîchir, et à moderniser. Il nous a remis les clés tout de suite, et on ne commencera à payer qu'en octobre. Avec papa, vous avez déjà installé une salle de bains, vu qu'il n'y en avait pas, et arraché tout le vieux papier peint. Il ne reste plus qu'à recoller le nouveau. Peindre les plafonds, aussi. Voilà. Si j'ai oublié de te tenir au courant, c'est que sans doute j'avais mis une parenthèse sur notre mariage. On ira l'aider, bien sûr, mais la priorité reste ton histoire ! Il faut qu'on avance, aussi bien pour toi que pour moi. Je veux savoir avec qui je vais me marier !

Je la pris par la main, doucement :

- Et moi donc ! J'aimerais moi aussi que tout arrête de tourner dans ma tête, que tout s'ordonne enfin. Par moments, je crois devenir fou ! Pour l'instant, la seule chose que j'ai comprise, c'est que j'ai complètement occulté mes dernières années. Pourquoi ? Je ne sais pas. Quand j'y réfléchis, je me dis que je dois certainement chercher à me protéger de quelque chose... Mais de quoi ? Ça non plus je ne le sais pas. Là, tu es mon guide. Pour ce qui est d'avant, j'ai l'impression que ça revient par bribes. Mais dans le désordre ! Et mon petit cerveau a un peu du mal à suivre, parfois. Mais j'ai confiance, grâce à toi. Tu es si déterminée que je suis sûr qu'on va y arriver.

- C'est bien aussi pour ça que je veux t'aider : je saurai seulement après si tu m'aimes vraiment, ou si je ne suis que la branche à laquelle tu t'accroches...

Sans rien ajouter, elle me déposa un léger baiser sur le front puis quitta ma chambre. Sitôt la porte refermée, j'actionnai le bouton du poste. Une envolée de violons envahit la chambre. On était dimanche soir, et ce soir-là, c'était musique classique sur Luxembourg. Je me surpris à apprécier, plutôt que de changer de station. Mieux que ça, je reconnus le morceau : *L'Été,* de Vivaldi, sans doute pour fêter la venue des beaux jours. Je m'étonnai encore à regretter la piètre qualité des grandes ondes qui m'empêchait de profiter pleinement d'une belle interprétation. Académique, mais de bonne facture. Je trouvais d'ailleurs dommage que le soliste soit aussi sage dans ses envolées... Mais comment pouvais-je me permettre d'avoir un esprit aussi critique ? Qu'est-ce-que je pouvais bien y entendre, moi, à la musique ? Encore un mystère à élucider. Un de plus ! Toujours est-il que, après quelques minutes d'informations à onze heures, le début *adelante* de l'automne des mêmes *Quatre Saisons* me plongea dans les bras de Morphée.

Le réveil fut moins doux. D'un bond, je me retrouvai assis dans mon lit, en sueur. Le temps de reprendre mes esprits, je coupai la radio à tâtons, puis allumai la lumière de ma lampe de chevet. Un coup d'œil à ma montre : quatre heures ! Je me replongeai dans l'obscurité, d'abord en colère, ensuite pensif. Pourquoi ce réveil en sursaut ? Je n'avais mal nulle part... Après quelques secondes de réflexion, une image me vint. Il était revenu, mon rêve ! Pas celui du petit garçon. Celui de la route. Plus précis, cette fois. Après un effort, je compris pourquoi je ne distinguais que des silhouettes : la nuit était tombée, et c'est dans la lueur des phares que je les voyais. Je ralentissais en m'arrêtant à leur hauteur. Je n'arrivais toujours pas à les visualiser précisément. Un homme et une femme, pour sûr. Mais rien de plus. Je me penchais pour ouvrir la vitre passager. La femme se penchait aussi, mais je ne distinguais que son buste. Joli buste, d'ailleurs ! Elle me parlait. Je lui répondais. Mais pour savoir ce qu'on s'était dit, j'en étais incapable. Juste avant de m'éveiller, je m'étais juste vu ouvrir la portière. C'était rageant. Impossible de retrouver le sommeil ! Malgré des efforts de concentration, il m'était impossible même d'entendre le son de sa voix. Je me retournai dans le lit, fermai les yeux, en espérant me rendormir. En souhaitant surtout revivre la scène, avec le son, cette fois. Mais rien n'y fit. Je n'avais maintenant qu'une hâte : entendre Mireille s'éveiller, et taper dans la cloison pour tout lui raconter. Je dus patienter jusqu'à six heures. À peine avais-je entendu son réveil que je frappais contre le mur. Je l'entendis se lever dans la précipitation, sortir de sa chambre et se ruer dans la mienne. Quand elle apparut dans l'embrasure, le cheveu en bataille, la mine mâchée, les yeux exorbités par l'inquiétude, un sourire légèrement moqueur me vint, incontrôlable :

- Doucement, je ne suis pas à l'agonie !

Avec une moue boudeuse, elle referma la porte et s'avança jusque sur le lit :

- Qu'y a-t-il de si important, alors, pour que tu me réveilles en fanfare ?

- Je ne dors plus depuis quatre heures ce matin... Ne t'inquiète pas, je ne souffre de rien. Simplement, la vision de mon voyage en belle voiture est revenue. Plus précise, mais pas encore assez.

Je lui narrai en détails tout ce que j'avais vu de nouveau, tout ce que je n'avais pas entendu. Je lui fis part de mes angoisses après, de toutes les images qui passaient pêle-mêle dans ma tête, sans plus m'apporter de solutions. Elle paraissait compatir. Néanmoins, en me prenant la main, comme à un enfant qu'on cherche à réconforter, elle dit :

- À mon avis, tu as tout simplement embarqué deux auto-stoppeurs... Pas de quoi fouetter un chat ! La bonne nouvelle, c'est que tu avances, dans ton parcours initiatique. Tu vas finir par trouver ! Bon, il faut que j'aille déjeuner. Je travaille, moi, ce matin !

Je la retins par le bras. Elle se rassit avec un soupir. Je lui racontai alors ma réaction face à l'émission de radio de la veille, mes connaissances jusque-là ignorées en termes de musique classique. Elle sembla encore une fois intéressée :

- Sans doute avais-tu des parents amateurs de grande musique... Souviens-toi de l'épisode du vieux violoneux, dans un autre de tes rêves ! Ils t'auront baigné dedans tout petit...

- Tu as sûrement raison... Fils de paysans mélomanes. C'est pas courant !

- Justement ! Quand on aura découvert d'où tu viens vraiment, il nous sera plus aisé de les retrouver, avec tous ces éléments... Tu sais ce que je vais faire, ce matin ? Je vais poser mon mercredi, et on ira à la foire à Sancoins, puisque c'est apparemment là que se termine ton parcours. Il faut battre le fer tant qu'il est chaud, et il me reste quelques jours à récupérer. Mais là, il faut que j'y aille, je vais finir par être en retard.

- Et moi, que fais-je, pendant ce temps ?

- Je ne sais pas... Tu t'occupes ! Entre passer par la salle de bains, lire, écouter la radio, ou tenir compagnie à maman. Ne t'inquiète pas, elle est au courant de ton nouveau... trou de mémoire. C'est une femme, elle a compris. Il n'y a que de papa dont tu dois te méfier, mais comme on travaille aux mêmes horaires... Allez, j'y vais.

Au même moment, on entendit crier :

- Mimi, qui que tu fous ?

- J'arrive !

La porte se referma, me laissant seul avec mes interrogations. Allais-je tenter de me rendormir ? Retrouver ma belle voiture, au beau milieu de la nuit ? Non, il fallait que je réagisse, que je me secoue. Et puis, on ne rêve pas sur commande. J'attendis que le père et la fille quittent la maison, et je me levai. Suzanne m'aida à m'assoir, me fit une bise sur le front, demanda si j'avais passé une bonne nuit et m'emplit une tasse de café brûlant.

IX

Le plus dur ce matin-là fut le passage par la salle de bains. C'était la première fois que j'y venais seul depuis ma sortie de l'hôpital. Jusqu'à maintenant, Mireille avait pris soin de moi et j'avais évité d'être confronté à mon image dans la glace. D'une part, je ne me reconnaissais pas ; d'autre part, ces trois points de suture sur la lèvre supérieure me renvoyaient le portrait d'un genre de monstre à la bouche tordue. On aurait dit un maquillage pour un mauvais film, du genre vampire ou autre Frankenstein. J'allais essayer quand même de reprendre un peu figure humaine. Déjà en me rasant. Dans la petite trousse que Mireille avait emportée de chez moi, un rasoir à manche avec une lame neuve, mon blaireau et mon savon. Je me barbouillai le visage en prenant soin d'éviter aussi bien le dessous du nez que le haut de la joue gauche, vernissée dans l'accident. La manœuvre me prit plus de temps que je ne l'aurais cru. Entre mes brûlures dans le cou et les vestiges de mes dernières blessures, ce fut un véritable travail d'orfèvre. Le résultat, si je paraissais moins négligé, n'était pas à mon goût pour autant. Je me retrouvais moustachu. Pas encore la moustache de Brassens, mais ça allait venir avec le temps de la cicatrisation. Avec ça, j'avais pris au moins dix ans. Suzanne, quand elle me vit ressortir, afficha un sourire bienveillant :

- Te voilà plus présentable ! On dirait un jeune acteur des années quarante.

C'était un compliment, ça ?

- Oui... Enfin, je me sens plus vieux d'un siècle, avec ces poils sous le nez !

- C'est provisoire ! L'infirmière a dit qu'elle t'enlevait tes points en début de semaine prochaine. Patience !

- Je patiente déjà pour un tas d'autres choses...

- Je sais, Mimi m'a tout raconté. Allez, tu vas venir avec moi faire les commissions en ville, ça te changera les idées.

- À pied ? Je vous rappelle que je marche avec des béquilles.

- Mais non, idiot, on va sortir la voiture. Maurice va travailler en vélo, tu sais bien... Ah non, c'est vrai, tu sais pas !

- Il n'y va pas avec Mireille ?

- Non. Il a toujours pris son vélo. Quand Mimi a été embauchée à l'usine, elle n'avait pas encore de voiture et y allait en vélo aussi. Depuis, elle prend son auto, mais son père n'a pas voulu changer ses habitudes.

Quand elle ouvrit la porte du garage, une belle 404 grise en occupait tout l'espace. Elle se glissa derrière le volant, recula avec soin puis descendit refermer la porte. Elle m'aida à m'installer et on alla se garer au début de la rue du Prieuré, axe principal et commerçant du centre-ville. De la boulangerie à l'épicerie en passant par la boucherie, tous me saluèrent chaleureusement en prenant de mes nouvelles. Bien sûr, je n'en reconnus aucun. Chez le marchand de journaux, l'accueil fut aussi bienveillant, et la dame m'informa que le beau livre que Mireille m'avait commandé était arrivé. Comme je n'avais pas pris d'argent, elle poussa la confiance jusqu'à me faire crédit. C'est que quinze francs, c'était cher, et ma belle-mère n'avait plus une telle somme dans son porte-monnaie. Il faut dire qu'il était magnifique, cet ouvrage. Sur la jaquette protégeant la belle couverture cartonnée figurait une Cadillac Eldorado rose du plus bel effet. J'allais avoir de l'occupation pour l'après-midi.

Il fallait que je résiste à la tentation de le feuilleter immédiatement. Je voulais être tranquille, dans ma chambre, pour essayer de reconnaître la belle auto de mon rêve. Je prétexterais une sieste réparatrice et le tour serait joué.

À midi, si les deux travailleurs ne bénéficiaient que de peu de temps pour déjeuner, ils furent inondés par le flot verbal de Suzanne, ravie de notre escapade du matin. Elle commença ainsi :

- On a été faire les commissions en ville, ce matin, avec Jean...

Ce qu'elle raconta après m'échappa complètement. C'est son expression « en ville » qui me transporta ailleurs. Pour moi, « en ville » n'exprimait pas du tout ce qu'on avait vu ce matin. Je me mis à vraiment partir en ville : le boulevard Hausman et ses grands magasins, la rue de Rivoli et son BHV, ses boutiques d'antiquités aussi. Le boulevard des Italiens et ses cinémas, ses tailleurs de costumes. Et des quartiers plus populaires : la gare de l'Est, la rue du Faubourg-Saint-Denis avec ses marchands de couleurs, ses primeurs, ses boucheries et ses boulangeries. Et le bar-tabac « Le Londres », au coin de la rue de Paradis, avec son effervescente agitation du matin à l'heure du petit noir. Et l'Opéra, ah, l'Opéra !... La surprise de revoir tous ces lieux sans même les avoir rêvés me regonfla. J'ai dû, en cet instant, esquisser un visage béat, car Mireille me poussa doucement du coude :

- Ça va, Jean ?

Je lui répondis avec un large sourire :

- Oui, bien ! Très bien, même.

- Ah bon ? Tu avais l'air complètement absent, c'est pour ça...

- C'est vrai : j'étais ailleurs... J'étais parti en ville ! Je t'expliquerai ce soir.

Ses parents me regardaient comme si je parlais chinois. Après un café brûlant vite avalé, Mireille et son père reprirent le chemin de l'usine. J'attendis le temps que Suzanne débarrasse et fasse la vaisselle, et je m'excusai d'un petit coup de fatigue en prenant congé. Il était temps que je consulte mon beau livre. Comme je me sentais dans un bon jour, je ne doutais pas un instant de reconnaître mon cabriolet.

S'il bénéficiait d'une maquette luxueuse, je n'arrivais pas comprendre le classement donné aux voitures par l'auteur. Aucun ordre, ni chronologique, ni alphabétique. Sans doute avait-il privilégié ses préférences personnelles. Chaque image en page de droite était accompagnée d'un texte court retraçant l'histoire de la voiture en page de gauche, et de deux ou trois autres petites photos montrant l'intérieur, le moteur ou le détail qui l'avait distingué des autres modèles. La première voiture était une Buick Wildcat de 1955. Rien à voir avec la mienne : trop grande, et son volant était en plastique. Ensuite venait une Alfa Romeo Spider de 1960. Jolie, celle-ci. Mais même si le volant cette fois était en bois, elle ne m'inspirait rien de plus. Je continuai à tourner les pages. Que de belles carrosseries ! Alpine A 106, Lancia B24 GT, Maserati 200 S, Mercedes 190, Jaguar Type E... Si elles étaient toutes magnifiques, elles ne m'évoquaient rien, pour l'instant.

Le déclic vint sur la page suivante. Là, c'était bien le volant et le haut de tableau de bord de mon rêve. La poignée de portière aussi, quand la silhouette s'était penchée pour me demander je ne sais quoi... Une Jaguar XK 150. Mais ce n'était qu'un rêve. Sans doute avais-je magnifié l'instant. C'était sûrement la voiture que j'aurais aimé avoir. Comment aurais-je pu m'offrir un tel modèle ? Si ça se trouve, je n'avais qu'une simple 2 CV, une Caravelle Renault, au mieux !

Maintenant, il allait falloir que je l'annonce à Mireille. Je crois que ce soir, elle va me prendre pour un extraterrestre, quand je vais lui certifier que je roulais en Jaguar dans mon rêve et que je connais la plupart des quartiers de Paris. Avec son optimisme indécrottable, elle n'y verra que du positif mais me regardera sûrement d'un autre œil. Si je pars du principe que je possédais bien cette voiture, il nous suffira de chercher où j'ai bien pu l'acquérir. Il ne s'en vend pas des centaines, de Jaguar, en France. Il fallait absolument qu'on aille à Paris dans les semaines à venir. Ce n'est pas en province qu'on trouvait de telles bagnoles. Enfin, je ne crois pas.

Je refermai le livre et tentai de m'endormir. Les yeux pourtant fermés, je ne trouvais pas le sommeil. C'était rageant. Je pris un autre livre sur l'étagère. Prévert. Je commençai à lire les premiers poèmes, et finis quand même par m'assoupir. Sans rêver. Du moins sans en garder de souvenirs. C'est Mireille, en entrant après avoir légèrement toqué, qui me tira de mon engourdissement. Elle s'avança jusqu'au lit, s'assit, et dit joyeusement :

- C'est bon : j'ai mon mercredi, on va pouvoir aller faire les touristes à la foire à Sancoins... Tu dormais ?

- Non. Je m'étais simplement assoupi. J'aurais bien aimé, pourtant !

- Pourquoi, tu t'ennuies ?

- Non, ce n'est pas ça...

Elle saisit le recueil de poésie, me le brandit devant le nez :

- Pour te replonger dans Prévert, c'est bien que tu t'ennuies un peu ! Et ton beau livre ? Il t'a apporté du nouveau ?

- Justement, oui... Mais je trouve ça étrange.

Elle se leva, échangea *Paroles* contre *Les plus beaux cabriolets*, et revint s'assoir:

- Fais voir !

Avant d'aller à la page de ma Jaguar, je la prévins :

- Attention, tu vas sans doute me prendre pour un gros menteur...

Et de lui montrer la voiture. Avant que j'aie pu me justifier, elle s'exclama :

- Rien que ça ! Tu te mouches pas du coude !

- Attends ! Ce n'est qu'un rêve... Il se peut que j'aie un peu confondu désir et réalité. Mais quand je me repasse les images, c'est bien cette auto que je vois.

Elle détailla la page un bon moment, puis :

- Donc, tu avais une Jaguar. Et pas n'importe laquelle ! Ce devrait être facile d'en retrouver la trace...

- C'est ce que je me suis dit. Il faudrait aller à Paris, rechercher les vendeurs de la marque. Peut-être me reconnaîtraient-ils ?

- Pourquoi à Paris ?

Je lui racontai en détail ma vision du repas de midi, à l'évocation de la simple expression « en ville ». Elle me fixa droit dans les yeux :

- C'est bon signe, ça ! Tu commences à te souvenir de lieux précis sans même rêver. Tu sais, durant les années qu'on a passées ensemble, avant, tu ne te souvenais vraiment de rien ! Comme indice, on n'avait alors que ta certitude d'un trajet jusque dans le sud du département... On avait même fini par un peu laisser tomber. Là, on va aller au bout ! Je veux savoir qui va partager sa vie avec moi ! Et je ne crois pas que ce soit un simple ouvrier d'usine.

- Tu sais, j'ai comme l'impression que ça va me plaire, d'être un ouvrier d'usine, comme tu dis.

- Tu ne m'as pas bien compris... Un gars qui vient de Paris avec une bagnole comme celle-là avait sûrement une belle situation... Il se peut que tu sois un beau parti, aussi, issu d'une grande famille.

- Je ne crois pas, non. Si j'étais issu d'une grande famille, elle m'aurait fait chercher, la famille. Elle m'aurait reconnu, avec les parutions dans la presse. Elle aurait su où j'allais, ce fameux jour !

- Tu as peut-être raison. En tout cas, c'est sur l'axe Paris-Sancoins qu'il nous faut chercher. Ce ne sont peut-être que tes grands-parents qui sont berrichons, ou d'autres membres de ta famille. Et tu devais sans doute venir les visiter... puisque tu sembles être parisien.

- Pas obligé ! Je peux aussi être un Berrichon qui travaille à Paris et redescend chez lui le week-end. Tu vois, on tourne encore en rond !

- Mais non, on ne tourne pas en rond ! On a plus avancé en huit jours qu'en trois ans ! Dès demain, j'irai à la poste consulter le bottin de Paris. Chercher les vendeurs de Jaguar. S'il le faut, on ira passer deux ou trois jours en août. Je ne suis jamais allée à Paris, ça tombe bien !

Au repas du soir, tout le monde semblait assez joyeux. Cette bonne humeur était propice aux déclarations que j'allais faire. On avait en effet décidé avec Mireille de dévoiler à ses parents que la mémoire de ma première vie me revenait par bribes. Sans parler des rêves, bien sûr. Maurice n'aurait pas compris. Non, juste parler de notre virée prochaine à Sancoins, et de nos quelques jours de vacances à Paris. Bien sûr, j'occultai complètement l'absence de souvenirs de mes quatre dernières années. Là non plus Maurice n'aurait pas compris. J'avouai juste que c'était sûrement le nouveau choc que j'avais subi avec la bétaillère qui avait provoqué ça. Mon beau-père réagit mieux que je ne l'aurais cru :

- C'est bien, ça, mon p'tit gars ! Si j'avais su, j't'aurais filé un coup d'gourdin sur l'têtiau depuis longtemps !

Toute la tablée partit dans un éclat de rire.

X

La journée du mardi fut morose. Je passai mon temps entre la cuisine et ma chambre, tournant comme un ours en cage. D'une part, j'étais impatient d'être au lendemain, d'aller baigner dans l'ambiance de cette foire, dans ces lieux qu'apparemment je connaissais. J'en espérais beaucoup, de ce périple. D'autre part, la nuit ne m'avait rien apporté, ou presque. Si j'avais rêvé, ce fut très court. Du moins dans ce qu'il m'en restait. Pourquoi le petit garçon était-il revenu me visiter, alors que nous avions parlé de la Jaguar toute la journée d'hier ? Décidément, les arcanes de l'esprit étaient plus complexes que je ne le pensais. Celles du mien, je veux dire. L'enfant, loin des flonflons de sa première apparition, était simplement assis au milieu d'une basse-cour. Il s'amusait à jeter des graines à des poussins et des canetons qu'il faisait courir en tous sens. Puis il en attrapait un, lui posait un léger baiser sur le duvet et le relâchait, passant à un autre. Jusqu'à ce qu'une voix d'homme, forte et bourrue, lui lançât : « Fous yeu don la paix, à ceux bestiaux, te vas m'les faire crever ! » Le gamin tournait ses grands yeux clairs vers la voix... et c'était tout ! Étais-je vraiment cet enfant que je voyais maintenant clairement ? Si oui, il confirmait nos suppositions quant à mes origines paysannes. Rien de plus. Si non, je ne voyais pas où ce rêve pouvait me mener. Voilà pourquoi j'étais agacé.

En attendant que Mireille revienne le soir, j'avais rongé mon frein en écoutant des émissions légères sur Europe Un. Décidément, je préférais Luxembourg. Mireille aussi parut un peu déçue de mon dernier rêve. Il n'apportait, d'après elle, que la confirmation que j'avais bien été élevé dans une ferme. Parce que pour elle, ce ne pouvait être que moi, cet enfant. On décida, pour passer le temps, de rendre visite à Nénesse. Il jouait aux boules sur le trottoir devant chez lui avec trois autres gars. Tous nous saluèrent comme si on avait gardé les vaches ensemble. Même si je n'en reconnaissais aucun, je jouai le jeu. On les laissa finir leurs treize points, et on s'installa dans son jardin pour l'apéritif. Après avoir pris des nouvelles de ma jambe et de ma bouche, le tout agrémenté de quelques plaisanteries du genre : « Tu pourrais jouer dans *Frankenstein* », la conversation s'orienta, à mon soulagement, vers des sujets plus généraux comme le temps à venir pour l'été, ou le Tour de France. C'est qu'il était palpitant, cette année, le Tour. Anquetil ne dominait plus. Serait-ce au tour de Poulidor, qui venait de remporter le contre-la-montre de Vals-les-Bains ?... Chacun donnait son avis. Non, Poupou ne gagnerait jamais le Tour, il était marqué du signe indien. Ou encore, ce sera un jeune qui gagnera. Altig, peut-être, ou Pingeon. Et pourquoi pas Aimar, hein ? À part Anquetil et Poulidor, je ne me souvenais pas avoir déjà entendu le nom des autres. Je me contentai d'approuver, d'être un peu d'accord avec tout le monde. J'appris alors que chaque soir, avec ces trois-là, on jouait l'étape du lendemain en misant chacun cinquante centimes sur le potentiel vainqueur. Pris au dépourvu, je m'entendis dire en sortant une pièce de ma poche :

- Anquetil, pour moi. Il va bien finir par se réveiller.

Les trois autres éclatèrent de rire, et Nénesse répondit :

- Voilà cinquante balles facilement gagnées, les gars !

Pour la petite histoire, Anquetil ne gagna pas, ni le lendemain ni un autre jour, puisqu'il n'arriva pas au bout de ce Tour 1966.

En ce mercredi matin, par contre, j'étais euphorique. Une euphorie doublée d'une impatience palpable. Pour tromper la longueur du voyage et l'interminable monotonie de cette ligne droite de presque cinquante kilomètres qui menait d'Aubigny à Bourges, je n'arrêtais pas de triturer le bouton des stations de l'autoradio. Je ne tombais à cette heure matinale que sur le bla-bla de journalistes commentant l'information du jour et de la veille. Il faut dire qu'on s'était levés aux aurores afin de profiter au mieux de la foire. Mireille, sentant ma nervosité, me voyant gesticuler sans arrêt sur mon siège, demanda :

- Tu as mal quelque part, Jean ? Veux-tu qu'on s'arrête ?

Pour la rassurer, je me calai une fois pour toutes, croisai les bras et répondis :

- Non, tout va bien. C'est que je suis un peu nerveux, c'est tout !

- Un peu ? C'est peu de le dire ! Tu as passé une mauvaise nuit ?

- Non ! Enfin, j'ai bien dormi, si là est ta question. J'ai aussi un peu rêvé, tu vois... Tu avais raison : ce n'était bien que deux auto-stoppeurs, puisque la fille s'est glissée sur l'étroite banquette arrière, et que l'homme a pris place à mes côtés. Ce que je n'arrive pas à m'expliquer, c'est qu'à aucun moment je n'ai distingué leur visage. Bon, c'est vrai que la nuit est complètement tombée, mais on roule toujours capote ouverte. Puis on ralentit, et je crois que je me range au fond d'un parking improvisé, en terre battue toute bosselée... Mais je n'arrive pas non plus à voir le paysage autour. Bon, encore une fois, il fait nuit noire, hein ?

- Et c'est tout ?

- Oui. Ce qui m'a surpris aussi, ce matin, en essayant de revoir la scène, c'est que pas un de nous ne décroche une parole. Sans doute me suis-je arrêté pour fermer la capote. Ou pas. J'ai l'impression d'une chaleur étouffante, à ce moment-là. Mais je ne peux pas expliquer si c'est vraiment le climat ou le malaise que je ressens face à la présence des deux autres... Mais ce n'est qu'un rêve, encore une fois, hein ?

Songeuse, Mireille approuva, et le silence revint. On abordait la banlieue nord de Bourges. On traversa la ville pour se retrouver sur la route de Moulins. Encore une interminable ligne droite qui s'annonçait. J'essayai de fermer les yeux pour m'assoupir. Sans succès. À Blet, mon impatience était à son comble. Pour rompre le silence, je crus bon de conseiller à ma compagne :

- Il faudra que tu ranges la voiture vers le pont, au bord du canal, dès qu'on arrivera. Plus loin, on ne trouvera plus de place, à cette heure-là.

Elle me regarda, surprise :

- Tu te souviens aussi bien de la situation des lieux ? Et du manque de place les jours de foire ?

Elle avait raison. C'était venu comme ça, cette réflexion. Décidément, on avait bien fait de venir. Elle attendait que je réponde. Que dire ?

- Je ne sais pas si me souvenir est le terme exact. C'est sorti tout seul. Ce dont je suis sûr, c'est que je vois parfaitement les abords du canal. Puis le chemin à parcourir pour arriver aux premiers étals de la foire. Franchir le pont, passer devant la gendarmerie, traverser puis passer devant les « Coop ». Ensuite, on arrive devant l'hôtel du Berry.

Là, il y a déjà du monde. Comme je l'avais prédit, nous fûmes obligés de ranger la voiture assez loin, le long des berges du canal. Je m'armai de courage pour rejoindre le cœur de la foire sur mes deux béquilles. On avait commencé logiquement par la Halle Beurrière la bien-nommée, puisque des femmes sur leurs bancs proposaient aux chalands beurre, fromages, œufs en tous genres et volailles. Je nageais en plein bonheur. Non pas de baigner au milieu d'une foule hétéroclite, mais de sentir ces relents de petit lait mêlés à ceux des volailles.

- Respire-moi ça, Mireille ! Ça me rappelle quand j'étais gamin...

- Qu'est-ce-que tu dis ?

- Je dis que... Enfin, je crois. Ce dont je suis sûr, c'est que ces effluves me ramènent loin en arrière. Allez viens, on bouge !

À son grand étonnement, elle se laissa guider à travers le marché, traversant la Halle-aux-Veaux, passant sous un des porches de la mairie, pour se retrouver sur le champ de foire aux bovins. Les maquignons discutaient ferme, le bâton à la main, la sacoche en cuir usé en bandoulière. Un vrai spectacle. On avait pris place sur un banc, à les observer. Là encore, c'est l'odeur qui me ramenait en arrière. Où ? J'étais incapable de le dire, mais ces senteurs animales m'étaient plus que familières, et je m'en repaissais allègrement. Mireille l'avait remarqué :

- Tu as l'air drôlement heureux, dis donc ! On dirait que tu es dans ton élément... En plus, je suis sûre que tu connais parfaitement l'endroit : tu m'as amenée jusqu'ici sans une hésitation !

Elle avait raison. Je me sentais comme chez moi. Mais j'étais incapable d'en préciser la raison. Si l'endroit m'était familier, je ne reconnaissais personne ! Et si des gens se retournaient sur moi parfois avec insistance, c'était sans doute dû à mon aspect peu engageant. Les cheveux trop longs sur ma nuque pour cacher les cicatrices de mes brûlures, la moustache plus que naissante sur mes points de suture qui formaient un genre de bec-de-lièvre devaient me faire ressembler à un phénomène de foire... Ça tombait bien ! Sans répondre, je me levai et entraînai Mireille vers la place de l'Église. Là, elle passa d'étal en étal, d'un marchand de chaussures à l'autre de robes, du bazar à cent francs à la mercerie ambulante. Elle fureta un bon moment sans rien acheter. Midi approchait. Elle proposa qu'on trouve un endroit pour déjeuner. Je répondis :

- Il y a encore un endroit qu'on n'a pas fait, derrière. Viens, on y va !

Là encore, le champ de foire aux moutons évoqua en moi une vive émotion. On en fit le tour, comme des touristes, puis je lui désignai une petite auberge au coin de la place :

- Regarde ! « Le Mouton Blanc » ! Je mangerais bien une ou deux côtes d'agneau, moi !

- Tu es sûr ? Ça m'a l'air petit ! Ce doit être plein, là-dedans !

- Je suis sûr, oui, qu'on y mange bien ! Ne me demande pas pourquoi, je n'en sais rien... Allez, on y va.

À peine entrés, un joyeux bourdonnement nous assaillit. Les gens s'apostrophaient de table en table, à voix haute. Une serveuse nous guida jusqu'à une petite place. À notre passage, des regards curieux, sans plus. Nous n'étions pas installés depuis plus d'une minute que, d'autorité, la petite soubrette posait devant chacun de nous une assiette garnie d'une large tranche de pâté de campagne. Les Parisiens auraient dit « terrine », ici on disait « pâté de campagne ». Apparemment, il fallait que le service soit rapide :

- Après, y'a soit tranche de gigot de mouton avec des flageolets, soit pied de cochon avec des flageolets aussi...

Mireille, étonnée :

- Vous n'avez pas d'autre choix ?

- Ben non. C'est mercredi, on va pas faire cinquante mille choses ! Alors ?

Je lui souris, autant que je pouvais le faire :

- Pour moi, ce sera gigot !

Mireille se rangea à mon choix. La petite demanda encore :

- Vous prendrez de l'ordinaire, en vin, ou du châteaumeillant ?

- Va pour le châteaumeillant...

Elle repartit en se faufilant entre les tables. Dans notre petit recoin, personne ne faisait attention à nous, à part peut-être la dame derrière son comptoir qui semblait me fixer avec insistance, et détourner les yeux quand moi je la regardais. J'en fis la remarque à Mireille, qui observa discrètement la chose en dégustant sa tranche de pâté. Elle en vint aux mêmes conclusions que moi : la patronne me dévisageait ouvertement. Mireille mit d'abord ça sur mon aspect qui pouvait sembler déroutant pour qui ne me connaissait pas. Mais, au moment où la serveuse vint nous apporter le gigot, un gros homme à la face bourrue fit son apparition au comptoir, et fixa notre table sur les indications de la patronne. S'ils avaient voulu être discrets, c'était raté ! Mireille ne les lâchait plus du regard. Se sentant à leur tour observés, ils firent semblant de discuter un instant, et le gros disparut en cuisine. Songeuse, ma compagne laissa échapper :

- Ces deux-là, ils te connaissent ! C'est pas possible autrement.

- Tu crois ? Moi, je ne pense pas les connaître...

- Attend ! On ne regarde pas les gens avec autant d'insistance, même s'ils vous semblent bizarres !... Tiens, regarde, elle continue, la bonne femme.

Je tournai les yeux à la dérobée. C'était ma foi vrai. Mireille continua :

- On va en avoir le cœur net ! Prends ton temps pour manger. Ensuite on va se faire fromage, dessert et café.

La salle se videra peut-être un peu, et on pourra aller causer en payant la note.

- Si tu veux, mais que vas-tu lui demander ? Si ton fiancé l'intéresse ? Elle va te prendre pour une grosse jalouse !

Elle haussa les épaules :

- Mais non ! Je vais juste lui demander si elle te connaît... Mieux que ça, même : si elle te reconnaît !

À partir de cet instant, on prit tout notre temps. Si des tables se vidaient, elles étaient immédiatement prises d'assaut par d'autres clients qui entraient. Il y avait plus d'une heure qu'on était attablés. On s'était envoyé chacun un crottin de Chavignol, puis une large part de tarte aux pommes. Notre café commençait à tiédir. Et la bonne femme derrière son comptoir continuait son manège. Il allait bien falloir qu'on parte ! Je bus d'une traite ce qui restait de mon café, puis :

- Viens, on va payer !

Arrivés devant le bar, Mireille demanda tout à trac :

- Pardon madame, vous connaissez mon fiancé, parce que depuis tout à l'heure...

La patronne rougit :

- Excusez-moi. Je crois pas, non. C'est juste le regard !... Mais c'est pas possible !

Mireille insista :

- Comment ça ?

- C'est pas possible, je vous dis ! C'est juste un hasard, c'est tout !... Ça fera douze francs.

Mireille était bien décidée à ne pas lâcher l'affaire :

- Qu'est-ce-qui est un hasard ?

- Rien ! J'ai pas le temps ! Vous voyez pas tout le monde qu'on a !

- On peut revenir plus tard, si vous voulez.

C'est le moment que choisit le patron pour émerger de sa cuisine :

- Si a vous dit qu'a l'a pas l'temps, c'est qu'a l'a pas l'temps ! Et si vot'gars y ressemble à un aut'gars qu'on a connu, c'est juste de loin ! Un peu les yeux, pis c'est tout ! De toute façon, on croit pas aux fantômes, cheu nous ! Allez, à r'vouaire, m'sieur-dame !

C'était sans appel. Mireille, impressionnée par la sortie du gros homme, paya. On se retrouva comme deux ronds de flan sur le trottoir. Pas vaincue, elle continua :

- On va aller faire un tour, et on reviendra plus tard, dans l'après-midi. On tient quelque chose, je te dis !

- On va encore se faire foutre dehors...

- Mais non. Ils auront le temps d'écouter notre histoire, cette fois. Ils nous raconteront alors peut-être la leur.

- Tu as peut-être raison. Bon, où veux-tu qu'on aille ?

- Ce qui serait bien, c'est qu'on prenne la route dont tu te souviens, jusqu'à ce que tu te perdes... On connaîtrait ainsi ton point de chute.

- Pas bête... Pas garanti, mais pas bête.

Nous redescendîmes à travers la ville. Sur la place de l'Église, les derniers camelots finissaient de plier leurs stands et déjà les gars de la ville nettoyaient à grands coups de balai. Le village s'était totalement vidé, à part quelques touristes qui, comme nous, regagnaient leur véhicule loin du centre. Sous un soleil de plomb, c'était presque sinistre. Une fois installés dans la voiture, Mireille me demanda :

- Alors, dans quelle direction veux-tu qu'on parte ?

Je la fis d'abord remonter vers le centre, tourner à droite en direction du collège, longer la place Beurrière, et tourner encore à droite dans la rue de la Croix-Blanche. En haut, je la fis continuer sur la rue Paulin-Pecqueux, jusqu'à la sortie de Sancoins. Là, sans hésiter, à l'embranchement de la route de Lurcy-Lévis, je la fis poursuivre en direction de Saint-Amand, sur une longue ligne droite jusqu'après Saint-Aignan-des-

Noyers. Même ce village me semblait familier. Tout à coup, à un petit croisement où une pancarte insignifiante indiquait « Les Mornes-Liénesse », je hurlai :

- Là ! Tourne là !

Surprise, elle pila. La Dauphine fit une embardée. Elle recula un peu et s'engagea sur l'étroite route. Elle ne fit aucun commentaire, remarquant que j'étais comme en transes, en train de faire un immense effort pour chercher ma route. On laissa le hameau des Mornes sur la droite. Arrivés au lieu-dit Liénesse, je la fis ralentir puis s'arrêter. Là, après le pont, deux directions s'offraient à nous : Bannegon d'un côté, Neuilly-en-Dun de l'autre. J'étais perdu, je ne savais plus où aller. Pourtant, ces berges de canal ne m'étaient pas inconnues. Je décidai d'un coup :

- On va faire demi-tour ! On est allés trop loin, je crois.

- Tu es sûr ?

- Non... Je t'ai dit « je crois ». Mais là, rien ne me retient, si tu vois ce que je veux dire.

- Pas bien, mais je te laisse me guider.

Elle manœuvra et nous repartîmes dans l'autre sens. Maintenant, le hameau des Mornes se trouvait sur la gauche. Je la fis ralentir et s'engouffrer dans le chemin peu carrossable qui y menait. Un premier grand corps de ferme à l'aspect plutôt cossu sur la gauche. Sur la droite, d'autres bâtiments tout aussi soignés. Je la fis continuer jusqu'au fond du chemin, puis se ranger derrière une vieille longère sans fenêtre. Elle m'aida à descendre, et instinctivement, je me dirigeai vers la cour de la dernière ferme. Ici, j'avais l'impression d'être chez moi.

XI

À mesure que je progressais dans la cour, une odeur de lait caillé faisait remonter en moi une bouffée de jeunesse. Personne pour nous accueillir. Sur la droite, au bout de la longère, une porte entrouverte laissait voir une laiterie. Les effluves émanaient de cette pièce. Je continuai d'avancer, Mireille sur les talons. À gauche, trois cochons mangeaient bruyamment dans une petite cour fermée. Et juste après, mon poulailler ! Enfin, celui de mon rêve de la nuit dernière. Mais vide, le poulailler. Complètement à l'abandon. Les mauvaises herbes l'avaient totalement envahi. Malgré tout, je reconnaissais parfaitement les lieux. Au moment où j'essayai d'aller plus loin, vers le bâtiment qui semblait être une étable, une grosse voix retentit dans notre dos :

- Qui donc qu'c'est que vous foutez là ?

En nous retournant, nous vîmes un jeune homme plutôt bourru, fourche en main, le regard agacé. La fourche ne devait pas nous être dévolue puisqu'une botte de foin était piquée au bout. Mireille eut le bon réflexe :

- Bonjour monsieur, on cherche à acheter des fromages...

- Ah bon ? J'cheus pas c'qui reste. L'Amélie a l'a fait l'marché, c'matin...

Il s'était radouci. Il hurla :

- Amélie ! C'est pour toué !

Une petite jeune femme apparut sur le seuil de la partie d'habitation. Un tablier blanc autour de la taille lui descendait presque aux chevilles. Elle nous sourit, puis invectiva celui qui semblait être son mari :

- T'es pas fou de gueuler comme ça ? Tu vas réveiller la gamine.

Le jeune paysan fit un geste de protestation, comme s'il s'en fichait, et poursuivit son chemin vers l'étable :

- Ceux m'ssieur'dame, ils veulent des fromages...

La jeune femme nous salua et nous invita à la suivre dans la laiterie. Elle leva les torchons blancs qui couvraient sa production :

- C'est tout ce qui me reste... Vous voulez des frais ou des secs ?

Mireille répondit :

- Oh, mettez-nous un assortiment des deux... Trois de chaque. Vous avez des œufs, aussi ?

La manœuvre était habile. La fermière répondit :

- Non... On fait plus la volaille depuis qu'on est ici. Avant, on était basse-couriers, à Bannegon, mais on n'était pas cheu nous. À présent, on fait plus que de la laitière, et quèques cochons pour nous. Mais plus de volailles.

Comme elle lui avait tendu la perche, Mireille enchaîna :

- Il y a longtemps que vous êtes ici ?

- Deux ans à l'automne. Pourquoi donc ?

- Il me semblait bien... J'étais venue il y a quelques années, avec mes parents, et on avait acheté des œufs...

Mensonge éhonté, bien sûr. La jeune femme la regarda d'un œil soupçonneux :

- Ah oué ? C'était du temps des Bourry, sûrement... Les pauvres !

- Pourquoi les pauvres ?

- Ben lui, y s'est pendu dans la grange, là... Celle où que je fous jamais les pieds. Et pis elle, a l'est à Dun, à présent. Chez les fous !

- Ah bon ? Je n'étais pas au courant.

- Pourtant ça a fait du bruit. Faut dire que j'cheus pas comment que j'ferais, moué, si mon gamin il s'tuait en auto... Bon, c'est pas tout ça : ça vous f'ra cent quatre-vingts francs... Enfin, un franc quatre-vingts.

On n'en tirerait rien d'autre. La discussion était close. Mireille sortit son porte-monnaie, régla, et nous repartîmes avec nos fromages. Si je ne montrais rien, c'est que j'étais en pleine réflexion. J'étais certain de connaître ce lieu par cœur. Mais le nom que la jeune paysanne avait donné ne me disait rien. En tout cas, il flottait une odeur de malheur, ici. Et la mort nous tenait compagnie depuis ce matin, entre les fantômes de l'aubergiste et le pendu de la grange. Mireille démarra en silence. Une fois sur la route principale, elle dit :

- Je commence à entrevoir des choses pas belles... Il faut qu'on retourne à l'auberge. Comment ça va, Jeannot ?

- Je ne sais pas... J'ai une impression bizarre. Surtout, je n'y comprends rien ! La seule chose dont je suis sûr, c'est que cette ferme, c'était bien chez moi. Pendant que tu discutais, j'ai eu envie d'entrer dans la maison, d'aller dans la chambre sur le côté de la pièce principale, tu vois ?

- Et tu crois que les gens dont elle nous a parlé sont des parents à toi ?

- Je n'en ai aucune idée ! Leur nom ne m'évoque rien... Mais ça ne veut rien dire, puisque pour l'instant je n'ai que la mémoire des lieux.

Arrivés devant l'auberge du Mouton Blanc, nous fûmes déçus de constater qu'elle était fermée. Il n'était que quatre heures de l'après-midi. Sans doute rouvrirait-elle plus tard ? Par curiosité, Mireille regarda à travers le carreau de la porte. Tout était rangé, en place, mais complètement désert. J'étais resté dans la voiture. Au passage d'une vieille dame, je l'apostrophai :

- Pardon madame, savez-vous à quelle heure le restaurant va ouvrir ?

- Hou ! Ben pas avant demain matin, à présent. Y ferment toujours les mercredis, après le coup de feu...

- Ah, d'accord ! Merci, madame.

Mireille avait tout entendu. Elle remonta dans l'auto, dépitée :

- On n'a plus qu'à rentrer. C'est quand même bête...

- On n'aura qu'à revenir. Je ne sais pas, moi... Samedi, par exemple !

- Tu n'y penses pas ? Samedi, je dois aller à Bourges essayer ma robe de mariée. Et toi, tu dois récupérer ton costume chez le tailleur.

- Ah ? Dimanche, alors ?

- Tu en as de bonnes ! Et s'ils sont fermés le dimanche ? On ne va pas se taper autant de kilomètres pour se cogner le nez contre la porte !

- Bon, je téléphonerai demain, pour savoir. S'ils sont ouverts, on y va, d'accord ?

- Si tu veux... Dis-moi, Jean, si vraiment il est arrivé malheur à ce garçon dont la marchande de fromages nous a parlé, on doit pouvoir retrouver sa trace dans les journaux de l'époque, non ?

- Bien pensé... Mais tu crois que ça n'a pas déjà été fait, à ce moment-là ?

- Sûrement que si, mais je pense que personne n'a cherché un lien entre un accident dans la région et ton agression dans le Giennois. Maintenant, on sait que quelqu'un qui te ressemblait est mort. Et que tu as vécu, toi, dans cette ferme, vers Saint-Aignan. Je crois qu'on devrait aller consulter les archives du Berry et de la *Nouvelle République*. On finira bien par trouver un lien !

- Parce que ça, on ne l'a pas déjà fait, durant les dernières années ?

- Sur quelles bases voulais-tu qu'on le fasse ? Tu ne te souvenais de rien, alors !

- Mais qu'étions-nous venus faire à cette foire, puisque tu me dis qu'on y était déjà venus ?

- Se promener, l'an dernier au mois d'août, avec Nénesse et sa femme. La seule chose dont tu te souvenais alors, c'était cette route qui menait jusqu'à Sancoins.

- Et comment m'étais-je comporté, une fois sur place ?

- Comme un touriste ! On avait acheté plein de victuailles. Tu avais l'air ravi, mais à aucun moment tu ne t'étais comporté comme aujourd'hui. Tu avais l'air de découvrir, comme un gosse devant un nouveau jouet.

- Personne ne m'avait reconnu, ce jour-là ?

- Non, personne. Il faut dire qu'on n'était pas restés aussi longtemps. Après un tour de marché, on était rentrés, s'arrêtant juste manger au routier de Saint-Just. On avait passé une bonne journée, mais c'était tout. Et ça ne te préoccupait pas plus que ça. Avant, je veux dire avant ton dernier accident, tu t'étais résigné. Tu ne cherchais plus vraiment à savoir. C'était plus moi qui aurais aimé, mais tu essayais même de calmer ma curiosité. Tu plaisantais en me disant que j'allais épouser un homme de quatre ans, tout neuf.

- Ouais. Ce n'est plus le cas... Il faut que j'aille au bout, aujourd'hui. Il faut que ces rêves ne viennent plus me hanter, sinon je vais tourner foldingue ! Si je pouvais un matin me réveiller, et que tout revienne ! Même si c'est désagréable... et ça l'est sûrement !

- C'est en bonne voie, mon Jeannot ! Et je suis là, moi, pour t'aider. Je ne désire même que ça, quel que soit le prix à payer.

La route se poursuivit en silence, chacun dans ses pensées. Arrivés à Aubigny, nous nous efforçâmes de sourire, comme deux amoureux ayant passé une bonne journée.

Ce n'est qu'une fois seul dans ma chambre que l'euphorie retomba. Pendant le repas du soir, nous avions raconté une partie de notre périple aux parents de Mireille. Pas la scène de l'auberge. Juste ma certitude d'avoir retrouvé la ferme de mon enfance. La discussion tourna autour de ce fait nouveau, et les avis divergents animèrent la soirée. D'après Maurice, il fallait à tout prix y retourner rapidement, demander à voir le notaire qui avait vendu le domaine, faire valoir mes droits, quoi ! Il n'avait retenu que cet aspect de notre découverte. Mais de quel droit aurais-je fait ça ? La seule chose dont j'étais certain, c'est que j'avais occupé une chambre dans cette ferme. Mais était-ce vraiment chez moi ? Il était possible que ce n'ait été que pour des vacances. Mes grands-parents, peut-être, ou un oncle, ou encore un cousin ? Il se pouvait aussi que ce fussent mes parents... Contre-argument de Suzanne, imparable ! Bien sûr que c'était plausible ! À la fin du dîner, la seule chose sur laquelle nous tombâmes tous d'accord était qu'il faudrait rapidement retourner voir les nouveaux maîtres des lieux, sous quelque prétexte que ce soit. Il fut convenu que mes beaux-parents iraient acheter des fromages samedi, pendant qu'on serait à Bourges. Il faudrait quand même que je raconte l'histoire de l'auberge à Suzanne, demain matin. À moins que Mireille ne l'ait déjà fait.

Maintenant, j'étais là, dans mon lit, à chercher le sommeil qui ne voulait pas venir. Ce n'était pas la douce voix de la dame à la radio, ni les problèmes des âmes en peine qu'elle essayait de résoudre, qui allaient m'endormir. Si j'écoutais, c'était d'une oreille distraite, ressassant sans cesse la journée que je venais de vivre. Et si je l'appelais, la dame ?... Oui, mais pourquoi ?... Je pourrais dire : « Bonjour, je m'appelle Jean Baptiste, mais ce n'est pas mon vrai nom. Mon nom, je ne le connais pas.

Je vis une merveilleuse histoire avec une adorable jeune fille, mais je ne suis pas sûr que ce soit moi qui la vive... Parce que moi, je ne suis qu'un gamin d'une poignée d'années qui joue avec des poussins dans la basse-cour, qui écoute avec attention les conseils d'un vieux violoneux, qui empile les bottes de foin sur la remorque... et qui conduit un cabriolet Jaguar sur la Nationale 7, cheveux au vent ! » Non, c'était impossible. Le seul conseil qu'elle pourrait me donner serait de consulter un médecin spécialisé, ou au pire de me faire interner. Personne ne pouvait m'aider. Ni la dame de la radio, ni un psycho machin truc, ni même Mireille, malgré toute sa bonne volonté. Je ne pouvais compter que sur moi. Mon inquiétude principale, en cet instant, était de savoir si j'allais pouvoir tenir le coup jusqu'à ce que je découvre qui j'étais vraiment. J'avais vraiment peur de devenir fou pour de bon. Je finis quand même par m'endormir sur cette idée néfaste.

Au réveil, je me sentais beaucoup mieux. Mon premier réflexe fut de regarder ma montre : presque onze heures du matin ! J'en étais honteux ! Il allait falloir que je me réhabitue à des nuits normales. Avant deux mois, il faudrait bien que je retourne travailler et que je me lève de bon matin. Mais aujourd'hui, si j'avais flemmardé, j'étais de bonne humeur. C'était sans doute dû à la visite du petit garçon qui venait de me quitter. Le seul bémol est qu'il était parti un peu tôt. Mais qu'il fut réconfortant de le voir !... Bon, ce n'était qu'un rêve, fortement influencé par ma folle journée d'hier. Mais quand même ! Cette fois, le petit était dans les jambes des maquignons, tout sourire, s'amusant follement des conversations de marchandage entre paysans. Il ne me laissait voir que jusqu'à hauteur de hanche, mais le spectacle en valait la peine. Des bâtons, des sabots sous des pantalons noirs, et des bas de biaudes mêlés aux pattes des génisses et autres vaches. Une grosse voix dominait toutes les autres, sans doute la plus proche du gamin. Quand il décida de suivre ladite voix plus loin, je l'entendis clairement annoncer :

- Ôte-toi donc d'mes pattes cinq minutes, jarjot, te voué ben que j'vas aller m'faire payer... Tins, prends donc c'te pièce de cent sous et va t'acheter quèque chose au bazar !

L'enfant afficha un large sourire en se saisissant de la pièce et partit en courant. Le paysage s'élargit, et je reconnus parfaitement le champ de foire. Nous étions à Sancoins. Quand il s'était perdu au milieu de la foule, je m'étais réveillé.

Il était maintenant temps que je me lève. J'avais des choses à faire. Après un passage par la salle de bains, je rejoignis Suzanne à la cuisine. Elle lâcha la préparation du déjeuner pour nous servir à chacun un grand bol de café odorant. Je lui demandai ensuite la permission d'utiliser le téléphone. Je demandai à l'opératrice de me passer la rédaction du Berry Républicain, à Bourges. Après quelques minutes d'attente, la standardiste dirigea mon appel vers le service souhaité. Sans ambages, je demandai :

- Bonjour madame, serait-il possible de consulter quelques-uns de vos journaux assez anciens ?

- Tout dépend... Qu'appelez-vous anciens ?

- Quatre ans, environ.

- N'avez-vous pas de date précise ?

- Euh, si. Plusieurs. Le vingt-cinq juin 1962, par exemple. Le 26 et le 27 aussi. Peut-être même le 28.

- Nous avons bien encore cette période en archives. Mais il faudrait savoir quand vous souhaiteriez les consulter.

- Oui... Donnez-moi vos heures d'ouverture, s'il vous plaît.

- Tous les jours de la semaine, sauf samedi et dimanche, bien sûr, de neuf heures du matin à cinq heures de l'après-midi. Sauf entre midi et deux heures : je mange !

La voix était agréable, et rieuse sur la dernière phrase. Si j'avais bien compris, ils étaient toujours ouverts, sauf quand ils étaient fermés !... Je réfléchis un instant, puis :

- Je vous rappelle en début d'après-midi, si vous le voulez.

- Comme vous voudrez. Je suis toujours là. Au revoir, monsieur !

Je raccrochai. Ma belle-mère avait suivi la conversation. Enfin, seulement dans un sens, mais elle avait compris :

- Si tu veux, Jean, je pourrai t'y conduire, moi, à Bourges. Bon, pas cette semaine, puisque l'infirmière vient cet après-midi pour ta lèvre et que demain, je dois aller chez ma sœur à Clémont. Mais lundi, si tu veux !

- C'est gentil à vous, je veux bien, merci !

- Pas de quoi ! Je suis aussi intéressée que toi, sois en sûr !

XII

L'infirmière est bien venue en ce jeudi après-midi. Après un examen minutieux, elle décida qu'il était temps d'enlever les points. Pour ce faire, elle rasa complètement la moustache que j'avais soigneusement taillée. Après l'ablation des trois fils, restait une boursoufflure rosâtre de la couleur d'un cul de babouin. Pas ragoûtant. Elle m'assura pourtant que cette horreur disparaîtrait en quelques jours, deux semaines au plus. En attendant, je trouvais que j'avais cette fois encore une tête à faire peur. Et ce n'est pas le regard que me portait Suzanne qui allait me rassurer.

Ce soir-là, j'informai tout le monde de mes démarches au siège du journal et du rendez-vous pris pour le lundi suivant. Nous avions aussi décidé, Mireille et moi, d'une promenade digestive jusque chez Nénesse afin de l'informer de nos dernières découvertes. Il fut convenu que sa femme et lui nous accompagneraient samedi, pour l'essayage de la robe de mariée. Les deux femmes iraient seules pendant que je récupérerais mon costume avec Ernest. Parce que, bien sûr, il n'était pas question que je découvre la tenue de ma future avant la cérémonie. C'était plus une superstition qu'une tradition. Mais je m'y plierais volontiers, n'y attachant que peu d'importance. J'avais bien d'autres choses auxquelles penser. Mon impatience d'arriver à ce fameux samedi résidait plus dans la visite de mes beaux-parents à la ferme des Mornes qu'en notre escapade à Bourges.

Le vendredi me vit d'une humeur exécrable. D'abord, la nuit précédente, je n'avais pas rêvé. Ou alors, c'était insignifiant parce que je n'en avais aucun souvenir. Ensuite, mon impatience d'être au lendemain me fit tourner comme un ours en cage sur mes deux béquilles toute la journée. Le soir, Mireille, me sentant nerveux, n'insista pas plus que ça et me laissa m'enfermer dans ma chambre.

En m'éveillant le samedi matin, je ne savais pas si je devais me réjouir ou appréhender cette journée. Parce que cette fois, j'avais rêvé, et tout me revenait avec une précision diabolique. Maintenant, je pouvais le voir, le beau cabriolet Jaguar. J'étais descendu de la voiture. Les deux autres aussi, mais je ne distinguais toujours pas leur visage. Alors que j'actionnai le capot du coffre, j'entendis l'homme me demander clairement :

- Vous fermez pas la bâche ? Il va flotter, vous savez...

Il avait une voix nasillarde, mêlée à un mauvais accent parisien. Celui des marlous. Alors que j'enfilais un blouson récupéré dans la malle arrière, je m'entendis répondre :

- Ce n'est pas une bâche, sur ce genre de voiture : c'est une capote ! Vous croyez vraiment qu'il va pleuvoir ?

Il eut un petit rire sardonique en répliquant :

- Vous savez où je les mets, moi, les capotes ?... Ceci dit, ouais, il va vaser, c'est sûr !

Je ne voyais toujours pas son visage, mais je sentais comme de l'ironie dans ses propos. Quant à la jeune femme, elle avait disparu de mon champ de vision. Sans doute un besoin naturel pressant l'avait-il conduite derrière les arbres. J'ai alors refermé le coffre et je lui ai répondu :

- De toute façon, il serait préférable que je vous laisse ici, si comme vous me l'avez dit vous descendez sur la côte. Moi, je continue vers Bourges. Vous, votre route, c'est la Nationale 7, vers Nevers...

- Ouais mais non... On doit récupérer deux copains à Bourges, justement.

- Bon, jusqu'à Bourges, d'accord. Mais on va être à l'étroit, une fois la capote fermée.

Pour je ne sais quelle raison, je me suis fié à l'instinct du type, et j'ai commencé à libérer la capote de son cache. Je lui ai alors demandé de m'aider à la fixer aux montants du pare-brise. C'est là, alors que je finissais d'arrimer mon côté, que j'ai ressenti un violent coup sur la tempe...

Maintenant, j'étais complètement réveillé, trempé de sueur. Je regardai ma montre : six heures du matin. Il fallait que je raconte ça à Mireille. Elle serait plus à même que moi d'analyser la situation à chaud. Je tapai doucement contre le mur. Pas de réaction. J'insistai un peu plus fort. Là, je l'entendis se lever précipitamment. Quelques secondes après, ma porte s'ouvrit :

- Un problème, chéri ? Tu n'as pas réussi à dormir ?

- Oh, que si ! Mieux que ça, même !

Je lui racontai avec force détails mon rêve encore tout chaud. Elle était aussi attentive que si elle regardait un film à suspense. Après un moment de réflexion, elle dit :

- Je pressentais une issue comme celle-ci. Depuis le début. La jeune femme n'était sûrement pas partie faire ses besoins. Elle était simplement à la recherche de quelque chose pour te frapper. Un gourdin, ou je ne sais quoi. En tout cas, ce ne peut être qu'elle qui t'a assommé ! Je pense qu'ensuite, ils t'ont traîné jusqu'à la petite clairière où tu as été découvert... Ce que je ne m'explique pas, c'est pourquoi on t'a retrouvé entièrement brûlé !

- Moi non plus !

Au petit déjeuner, nous avions décidé de ne pas parler de mon dernier rêve. Il fallait que les informations que Suzanne et Maurice étaient susceptibles de nous ramener ne soient pas influencées par quoi que ce soit. Après leur avoir expliqué en détail le chemin à suivre pour arriver à la ferme des Mornes, nous leur avions bâti un petit scénario, de façon à ce qu'ils puissent en apprendre un peu plus. Puisque nous connaissions le nom des anciens propriétaires, qui ne m'évoquait rien d'ailleurs, il suffirait de jouer la surprise et de demander de leurs nouvelles. Face à des gens plus âgés, la jeune fermière serait peut-être plus prolixe. Rien n'était sûr, mais c'était à tenter. Maurice, philosophe à sa manière, ajouta que si ça ne donnait rien, ça leur ferait toujours une belle balade et des fromages frais.

Dès qu'ils furent partis, nous nous empressâmes d'aller récupérer les Viq qui nous attendaient devant chez eux. Ils s'étaient mis sur leur trente et un, tous les deux. Nous avions convenu d'un petit repas au restaurant, sur la place de la Gare, à Bourges. Bien installés en terrasse, la conversation tourna autour de ma dernière vision nocturne. À partir de là, chacun échafauda des hypothèses dignes d'un film à la Hitchcock. De tout ça il ressortit que certainement le couple m'avait assommé pour me voler la voiture, et qu'au moment où j'avais été découvert, ils avaient déjà ou bien franchi une frontière, ou bien revendu le cabriolet sur un marché parallèle pas très légal en région parisienne. Évidemment, ça se tenait, mais on ne disposait pour l'instant d'aucun élément concret pour étayer une de ces solutions. Après un café et le digestif de rigueur, nous partîmes chacun de notre côté : les deux femmes chez la couturière spécialisée en robes de cérémonie vers la rue d'Auron, Ernest et moi en direction de la rue Moyenne. Mon tailleur avait boutique rue Coursalon, et c'est en flânant que nous nous y rendîmes. Avec mes béquilles, il ne fallait pas être pressé. Alors que je m'arrêtais pour souffler un peu, mon regard fut irrésistiblement attiré par une vitrine. Des flûtes traversières, des clarinettes, et quelques guitares classiques étaient disposées sur des partitions. Au fond, un rideau tendu, orné d'une grosse clé de sol, complétait le décor. J'étais comme fasciné. Je m'entendis demander à Nénesse :

- On peut entrer là cinq minutes ?

Surpris, il rétorqua :

- Pour qui donc faire ?

- J'en sais rien... J'ai juste envie d'entrer.

Sans me répondre, il poussa la porte pour me laisser entrer.

Au fond du magasin, une vieille banque en chêne foncé. Sur la droite, un piano mural derrière lequel était accroché au mur toute une série de guitares, de la guitare d'étude à celle de concert. De l'autre côté, posée au sol, une batterie montée, et au mur, trois guitares électriques de bonne facture et une guitare basse. Derrière la banque, un passage donnait sur une autre pièce d'exposition. Je m'y dirigeai pour découvrir contrebasses, violoncelles et autres violons de toutes tailles. Quelques clients s'affairaient autour des instruments, mais personne n'osait rien toucher. Nénesse était resté devant la porte, ne sachant où poser son regard. Alors que je revenais dans la première pièce, le vendeur derrière sa banque m'interpella :

- Je puis vous renseigner, monsieur ?

D'instinct, je m'entendis répondre, désignant le mur aux guitares :

- Oui... Je pourrais voir celle-là ?

- Celle-ci, vous êtes sûr ? C'est une guitare classique de concert... Elle est très chère !

Pour qui me prenait-il, lui ? Je ne voulais pas l'acheter, sa guitare ! Simplement la toucher. Avant que j'aie pu répondre, il continua :

- Ne préféreriez-vous pas celle-là ? C'est une petite guitare d'étude Paul Beuchère...

Ne voulant pas créer de malaise, j'allai en son sens :

- Si vous voulez, oui.

Il décrocha l'instrument et me le tendit. Après avoir confié mes béquilles à Nénesse, je pris place sur le siège devant le piano et me saisis de la guitare. Je me surpris à en vérifier l'accordage, puis égrenai les premières notes du traditionnel *Jeux interdits* réservé aux débutants en arpèges. Comment étais-je capable de faire ça ? Je n'en savais rien, mais j'éprouvais en cet instant un vif plaisir. Pour l'instant, à part les yeux exorbités d'Ernest, personne ne faisait attention à moi. D'instinct, j'enchaînai sur les notes de *Take five*, et là, le vendeur releva la tête. Il paraissait impressionné par la dextérité de cette main atrophiée sur le manche de l'instrument. Les quelques clients présents dans la boutique commençaient à tendre l'oreille et à se retourner vers moi. Gêné, j'arrêtai de jouer, et chacun reprit ses occupations. Le vendeur revint vers moi :

- Alors, elle vous plaît ?

Je lui retendis l'instrument :

- Pas mal ! Mais je crois que je préfèrerais l'autre...

Son attitude avait changé. Il me proposa d'essayer la plus belle. Mais je le contrai en lui demandant tout autre chose :

- Dites, vos violons, derrière, je pourrais en essayer un ?

Il s'empressa de me donner satisfaction en passant dans l'autre pièce. Il revint avec un petit violon d'étude et un archer :

- Celui-ci vous conviendrait ?

- Très bien !

Je recommençai la scène de l'accordage, puis testai l'archer sur les cordes. C'était un bon instrument pour débutant... Je me surprenais à porter un tel jugement. Comment pouvais-je bien savoir ça ? Ensuite me revint en mémoire le morceau que j'avais trouvé un peu fade, l'autre soir à la radio... *L'Été,* de Vivaldi. Je me lançai dans une interprétation à ma façon. Là, tous les gens présents dans le magasin commençaient à former un cercle autour de moi. Emporté par mon jeu, je n'y prêtais même plus attention. Quand j'eus terminé, une salve d'applaudissements salua ma prestation. Nénesse était tétanisé. Quant au vendeur, il se demandait s'il ne devait pas se pincer pour vérifier qu'il ne rêvait pas :

- Où avez-vous appris à jouer de la sorte ?

Je le fixai droit dans les yeux, surpris de sa question :

- Je ne sais pas... C'est venu tout seul !

Il se tourna vers Nénesse, l'air outré :

- Il se fiche de moi, là !

- J'crois pas, non. Moi non plus, je savais pas !

- Mais enfin ! C'est un virtuose, votre ami ! Jamais je n'avais entendu une telle exécution de Vivaldi !

J'essayai de le calmer :

- J'ai sûrement dû apprendre, un jour... Mais j'ai totalement oublié !

Et de lui résumer mon état actuel dans les grandes lignes. La dizaine de clients présents dans la boutique commentait à voix basse ce qu'ils venaient de vivre, ainsi que l'incongruité de la situation. Pour couper court, je demandai au vendeur combien coûtait son violon :

- Celui-là est à quinze mille... Enfin, cent cinquante francs. Ce n'est qu'un petit instrument d'étude. Mais vous méritez mieux !

- Oui, mais mon portefeuille ne va pas être d'accord ! Celui-là suffira.

- C'est vous qui voyez.

- Par contre, je reviendrai vous voir plus tard, pour la belle guitare. J'ai vu son prix, et il faut que j'en discute avec ma compagne.

Tandis qu'il posait le violon dans son étui, je sortis de ma poche deux billets de cent francs. Il nous raccompagna jusqu'à la sortie, nous tint la porte et nous regarda remonter le reste de la rue Moyenne, clopin-clopant. Au bout de quelques mètres, Nénesse ne put dire que :

- Ben toi alors !

Comme je ne répondais pas, pressé que j'étais d'en finir avec cette côte qui m'arrachait les bras et me coupait le souffle, il insista :

- Ça t'a pris comme ça de rentrer là-dedans ?

Laconique, j'opinai :

- Comme ça, oui !

Il insista :

- Mais tu savais ce que t'allais y faire ?

Je pouvais comprendre qu'il s'interroge. Comme je n'avais pas de réponse cohérente, je me contentai de lui rétorquer :

- Non, même pas !

Avant qu'il ait pu continuer, je fus sauvé par le gong en poussant la porte du tailleur. Un homme guindé, d'une cinquantaine d'années, nous accueillit avec chaleur. Il me fit assoir, me débarrassa de mes béquilles. Après m'avoir demandé par pure courtoisie ce qui m'était arrivé (on voyait bien qu'il s'en fichait), il disparut dans sa réserve et réapparut avec une veste gris perle de bonne coupe. Aidé de Nénesse, je me relevai et passai le vêtement. Une grande glace murale me renvoya l'image de la perfection. Je parle de la veste, bien sûr. Une expression de satisfaction me vint instantanément :

- C'est parfait ! On la dirait taillée pour moi !

L'homme, s'indignant avec hauteur :

- Mais elle le fut, monsieur !

Ernest, peu habitué à ce genre de commerce, émit un petit rire. L'homme m'aida à enlever la veste, attrapa un cintre derrière son comptoir. Il ajouta la veste au pantalon assorti qui y pendait déjà, puis referma la housse de protection. Alors qu'il sortait de sous sa banque une chemise blanche de belle qualité, il me demanda :

- Pour la cravate, vous êtes-vous décidé ?

Décidé ? De quoi me parlait-il ?... Heureusement, mon ami vola à mon secours :

- Oué ! Il prendra la grise qui va avec le costard.

Puis, clignant de l'œil vers moi :

- Je t'expliquerai.

Le tailleur rangea le tout dans un sac de papier fort à son enseigne. Après l'avoir réglé, nous prîmes congé, et il nous raccompagna jusque sur le pas de sa porte.

Ernest se dirigea d'autorité vers la terrasse du café le plus proche. Je le suivis sans discuter. Une fois nos demis servis, il me dit :

- Pour la cravate, valait mieux faire comme ça.

Comme je n'y comprenais rien, il continua :

- Toi, t'aimais ben une rouge. Mais pas la Mireille. A disait que ça faisait clown ! Et toi, pour l'emmerder, tu disais que comme ça on saurait de quel bord tu étais.

- De quel bord ?

- Ben oué ! Tu t'rappelles pu de ça non pu ? On est au syndicat, à l'usine, mon p'tit gars ! Et tu d'vais aussi prendre ta carte au parti, en septembre.

- Ma carte ? Au parti ? Quel parti ?

- Au parti communiste, ben sûr ! Y'a du mal de fait, pour sûr !

Je lui souris :

- Si tu le dis, c'est que c'était ma volonté... Je la prendrai, ta carte !

- Oh, moi, c'que j'en dis, hein ? Du moment qu'on se fasse pas engueuler pour la cravate... Bon, pour la musique, tu m'expliques ?

- Il n'y a rien à expliquer... J'ai eu envie d'entrer dans cette boutique. Après, une fois que le gars m'a posé la guitare entre les bras, je me suis retrouvé comme en état second. Heureux comme jamais, du plus loin qu'il m'en souvienne ! Mais je ne me savais pas non plus capable de ça !

- Y'a pas à dire, t'es un drôle de phénomène, toi !

C'est le moment que choisirent les filles pour ranger la voiture devant la terrasse.

XIII

Elles s'installèrent joyeusement à la table. Volubiles, elles nous racontèrent avec enthousiasme la séance d'essayage chez la couturière. À les écouter, la robe était magnifique. Mais il faudrait revenir encore une fois pour la récupérer, à cause de retouches de dernière minute. Enfin, elles s'intéressèrent à nos emplettes. Aucune des deux n'avait prêté attention à nos achats, dissimulés au pied de la table. Je me saisis du grand sac en papier renforcé :

- Je ne me souvenais bien sûr pas de ce costume, mais je crois que de toute façon j'aurais choisi celui-là !

Mireille sourit, rose de plaisir :

- Et pour la cravate ?

- J'ai pris la grise... Tu as décidément beaucoup de goût !

Tandis que je reposais le sac, le pied de ma compagne buta sur l'étui du violon :

- Qu'est-ce que c'est que ça ?

Ernest, un petit sourire moqueur au coin des lèvres :

- Ben c'est un violon !... Oué, faut qu'on vous raconte... Vas-y, Jeannot !

- Non, vas-y, toi... Tu en meurs d'envie !

- Ben voilà... On montait la côte dans la rue Moyenne. Ça faisait trop chaud, et le Jeannot y traînait la patte. On s'est arrêtés un peu pour souffler, et lui il a vu la vitrine du magasin de musique, là. Il a voulu qu'on rentre dedans, comme ça, sans raison. Il a commencé à faire le tour, à regarder partout. Alors là, le vieux gars qu'était derrière le comptoir y y'a demandé si il voulait quèque chose. Et le Jeannot y l'a demandé à prendre une guitare... Moué, j'croyais qui voulait juste la palper, grattouiller un p'tit peu. Tu sais c'qu'il a fait ?

Mireille, s'attendant à tout :

- Non... Continue !

- Il a tourné les machins, en haut du manche, et il s'est mis à jouer de la musique. Mais vachement bien, hein ? un peu comme ceux qu'on voit à la télé ! Tout l'monde le regardait dans la boutique !... Attends ! C'est pas fini. Après, il a demandé à l'aut'gars si y pouvait essayer un violon... Là, pareil, mais en mieux ! Du coup, il a acheté le violon !

J'avais un peu peur de la réaction de Mireille. À tort. Elle se jeta sur moi, m'enlaça et dit :

- C'est une super nouvelle ! Tu es musicien. Je suis sûre que ça va faire progresser nos recherches... Tu vois, c'est ta mémoire qui revient par bribes ! Je pense que tu vas bientôt te réveiller complètement !

Je calmai son ardeur :

- Peut-être... J'y suis entré instinctivement, dans ce magasin. Et je ne sais toujours pas d'où me vient cette passion pour la musique. Et puis tu sais, je n'ai joué que ce qui me venait en tête.

Nénesse mit son grain de sel :

-Oué, mais t'as vu comment que t'as joué ? L'aut'gars il a dit que t'étais une vedette ! Enfin, il a pas dit comme ça, mais ça voulait dire pareil !

- Il a dit virtuose... Mais je pense qu'il a un peu exagéré !

Pendant ce temps, Mireille avait ouvert l'étui :

- Il est beau ! Tu nous joues quelque chose ?

- Pas ici, en pleine rue... Ce soir, si tu veux !

- Allez ! On s'en fout, des gens...

Cédant à son caprice, je me saisis de l'instrument, attrapai l'archet, et commençai à jouer quelques notes style tsigane... Du Guitlis, me semblait-il... Mais comment pouvais-je savoir ça ? Les trois autres firent un silence de cathédrale, et les tables autour se tournaient déjà vers nous. Gêné, j'arrêtai. Mireille, les larmes aux yeux, ne put que dire :

- C'est incroyable !

Nénesse d'ajouter :

- Hein ? J'te l'avais dit !

On commença ensuite à discuter de la belle guitare. Mireille, avec autorité, dit :

- Allez, on va l'acheter !

- Tu as bien compris le prix, Mireille ?

- Oui... Je te l'offre ! Je ferai un chèque.

Le retour fut des plus joyeux. Pas des plus confortables, mais des plus joyeux. Une fois les emplettes des femmes, mon sac à l'enseigne du tailleur et mon violon entassés dans la petite malle avant de l'Ondine, il ne restait plus de place pour le bel étui en cuir de la guitare. Parce qu'on l'avait bien achetée, finalement. Le vendeur, s'il avait été ravi de nous voir revenir, avait paru un peu déçu devant mon refus d'essayer l'instrument. Il ne retrouva le sourire qu'en apposant le nom de sa boutique sur le chèque que Mireille venait de lui donner. La guitare en elle-même n'aurait pas été encombrante, mais le magnifique étui rigide garni de velours frappé rouge qui la contenait occupait un volume non négligeable. Il fallut le glisser entre les deux sièges, si bien qu'Ernest et sa femme se retrouvèrent séparés, accolés l'un et l'autre contre les portières de l'auto. Ça n'empêcha pas la bonne humeur. Bien sûr, le premier sujet abordé fut le mariage, et chacun exprima la manière dont il l'imaginait. Enfin, pas moi. J'avais dans la tête tout un imbroglio de pensées. De questions, surtout. Mireille le remarqua et m'en sortit :

- Tu as l'air préoccupé, Jean. C'est l'évocation du mariage qui te fait peur ?

- Non, pas du tout ! J'essaie simplement de comprendre d'où me vient ce brusque attrait pour la musique. J'aimerais bien savoir qui m'y a initié, et comment je peux, aujourd'hui, maîtriser à tel point cet art.

Elle se tut quelques secondes, puis :

- Tu te souviens de ton rêve avec le vieux violoniste ?

- Bien sûr ! J'y pensais au moment où tu m'as réveillé... Mais je ne trouve pas de rapport ! Il faudrait le retrouver, ce bonhomme, mais comme je ne sais pas où ça se passait... Et puis, si c'est moi le petit garçon, mon rêve peut avoir plus de vingt ans. Si ça se trouve, il est mort, le vieux !

- Allez, ne te prends pas la tête avec ça. Ce qu'il te faut maintenant, c'est de la patience. Je suis sûre qu'un autre élément déclencheur viendra te faire recouvrer encore un peu plus tes souvenirs.

- Tu as sans doute raison. Mais j'aimerais bien que ça arrive avant que je sois complètement maboul ! Surtout, j'aimerais pouvoir enfin me consacrer entièrement à toi. Parce que j'ai bien conscience d'être un peu négligent, de ne penser qu'à moi !

- Ne t'inquiète pas de ça ! C'est moi qui ai choisi de t'aider, depuis que j'ai compris que tu m'avais oublié... Enfin, que tu avais complètement occulté quatre ans de ta vie.

- C'est vrai... J'ai plutôt l'impression de me réveiller après quatre ans de coma, et de peiner à reprendre mes esprits. Mais à ce jour, c'est à vous deux, Nénesse et toi, que je dois la vie ! Sans vous, je crois que je perdrais complètement pied !... Non, attends ! Cet accident, l'autre jour, a été providentiel. Parce qu'un jour ou l'autre, ça se serait produit. Voilà aussi à quoi je pense.

Suite à n'importe quel choc, physique ou non, ce serait arrivé. Ou même sans choc. Je suis sûr que c'était inéluctable. Il valait mieux que ça arrive maintenant. Tu t'imagines te réveiller un matin à côté d'un inconnu ? De quelqu'un qui ne sait même pas qui tu es ?

- Vu comme ça, tu as raison... Je n'y avais jamais pensé !

Les deux autres, derrière, écoutaient en silence. Après cet intermède, la conversation reprit sur des sujets plus légers, comme le pique-nique du lendemain prévu au fameux étang du Puits. Juste avant de descendre de voiture, devant chez lui, Nénesse nous salua en demandant :

- Et demain, t'oublies pas de prendre ta guitare, pour nous jouer des chansons !

Quand on arriva devant chez Mireille, son père finissait de ranger la 404 dans le garage. On aurait dit que nos retours au bercail avaient été synchronisés. Alors qu'il en refermait soigneusement la porte à clé, Mireille interpella Maurice :

- Viens m'aider, papa ! C'est coincé.

Elle se démenait pour sortir le gros étui d'entre les deux sièges. Moi, impuissant sur mes deux béquilles, spectateur au bord du trottoir, je ne pouvais rien pour elle. Quand mon beau-père vit l'objet de son embarras, il s'exclama :

- Qui donc que c'est-y que ça ?

Mireille, un large sourire aux lèvres :

- Ben c'est une guitare, bien sûr !

- Tu t'es acheté une guitare ?

- Pas moi... lui !

Maurice me regarda :

- Qui que c'est que c'te nouvelle lubie ?

Sa fille le toisa :

- Ce n'est pas une lubie ! Jean en a besoin... On t'expliquera tout à l'heure.

- Eh ben, ça va être la fête aux canards !

- Là, ça m'étonnerait ! On va t'expliquer, je te dis !

Il avait enfin réussi à sortir l'instrument. Mireille actionna ensuite l'ouverture du coffre :

- Tiens, aide-moi aussi à transporter tout ça !

Quand il vit l'étui du violon, il s'apprêta à faire une nouvelle réflexion. Ma compagne le prit de court :

- Et ça c'est un violon ! Ne dis rien, surtout... Je ne te le permettrai que lorsque tu l'auras entendu jouer !

Maurice haussa les épaules, et rentra dans la maison en marmonnant. On le suivit jusqu'à la salle à manger. Il déposa le tout dans un coin et sortit des verres du buffet en proposant :

- Un p'tit sancerre, Jeannot ? On l'a pas volé !

J'acquiesçai, posai mes béquilles, et m'installai sur une chaise. Je l'entendis dire à Suzanne qui s'affairait à préparer une salade dans la cuisine :

- Ils deviennent fous, les deux ! Ils ont acheté des instruments de musique !

Elle se retourna :

- Oui, je sais. Mireille était en train de me raconter... Réfléchis un peu : ils ne sont peut-être pas aussi fous que tu le dis. Rappelle-toi de ce qu'on a appris, cet après-midi.

- Nom de Diou ! J'y avais pas pensé.

De là où j'étais, j'avais l'impression qu'ils parlaient chinois. J'étais impatient de connaître les résultats de leur périple. Maurice revint avec la bouteille, nous servit en me regardant autrement. Puis il retourna à la cuisine. Sans un mot, il revint chargé de quatre assiettes et des couverts assortis. Visiblement, il n'avait pas envie de dévoiler quoi que ce soit. Il me fallut attendre que les deux femmes reviennent avec la salade et un joli plateau de fromages de toutes sortes pour qu'enfin je sois exhaussé. C'est Suzanne qui attaqua :

- Notre petite balade ne fut pas inutile. Déjà, on a ramené tous ces excellents fromages, plus une grande jatte de fromage blanc et deux mottes de beurre !

Moi, impatient :

- C'est bien... mais encore ?

- Attends, j'y viens ! On a eu de la chance : la petite dame était seule, à la ferme. Son homme était parti ramasser la paille. Du coup, on a pu en apprendre un peu plus que vous... Mais guère plus !

- C'est-à-dire ?

- Ben c'est-à-dire qu'elle ne savait pas grand-chose ! C'est qu'ils ne sont pas du coin, les nouveaux. Ils ont racheté la ferme avec un héritage que lui a fait, quand son grand-père est mort. Comme ils n'étaient que bas-secouriers dans un village à côté, ils ont saisi l'opportunité. Mais avant, ils venaient de Vatan. Alors, le drame des Bourry, ils ne l'ont vécu qu'à travers la presse. Ils ne les connaissaient pas. Quand j'ai demandé à la jeune femme, en jouant la surprise, ce qu'était devenue madame Bourry, elle a baissé les yeux en me répondant : « La pauvre ! Elle est à Dun. » J'ai encore joué l'étonnée en lui demandant ce qu'elle y faisait. Elle a froncé les sourcils : « Ben à l'asile, tiens !... Vous êtes pas au courant ? Y'a plus de deux ans qu'elle y est. » Là, je lui ai raconté qu'on n'était pas passés dans la région depuis plus de cinq ans, mais qu'avant on avait l'habitude de venir régulièrement se servir ici. Alors là, on a eu droit à toute l'histoire. Enfin, à ce qu'elle en savait.

- Et qu'avez-vous appris qu'on ne sache déjà ? Parce que jusqu'à maintenant...

- Attends ! Elle, ce qu'elle sait surtout, c'est ce qu'elle a appris lors de la vente. Et puis les ragots des voisins, après. Comme elle vous l'avait dit, tout a dégénéré à la perte de leur fils, aux Bourry. Il descendait leur rendre visite, de Paris, lorsqu'il a eu un grave accident de voiture. Il y a maintenant quatre ans de ça. C'était un genre de célébrité, vers chez eux, leur fils. Il était musicien dans un grand orchestre parisien. Là, elle n'a pas pu me donner plus de précisions. À l'époque, elle n'y avait accordé que peu d'intérêt. Au premier anniversaire de la mort de leur fils, Simone Bourry a retrouvé son mari pendu dans la grange attenante au corps d'habitation. Il se disait dans le pays qu'il ne s'était jamais remis de la perte de son fils. À compter de ce jour-là, la veuve s'est laissée aller. Elle ne soignait plus les bêtes, ne sortait jamais de chez elle, et s'était mise à boire plus que sérieusement. Ses seules sorties étaient pour se rendre au cimetière à Saint-Aignan, le village à côté, et pour faire le plein de bouteilles à l'épicerie. Ce sont ses voisins qui ont donné l'alerte, voyant la ferme se dégrader, et surtout les animaux dépérir. Au début, elle a commencé à vendre ses vaches au plus proche des deux voisins. Mais elle ne s'occupait plus du reste. Quand il est venu lui proposer de racheter son domaine, elle l'a fichu dehors.

- Mais elle n'avait pas d'autre famille pour l'épauler dans son malheur ?

- Laisse-moi continuer !... Si ! Enfin, non, pas elle. Elle était de l'assistance publique, elle. La seule famille qui lui restait, c'était un vieil oncle à lui, Armand Bourry. Un instituteur à la retraite, dans l'Indre, vers La Châtre. C'est d'ailleurs avec lui que s'est conclue la vente de la ferme. Parce que les voisins avaient alerté le maire de la commune. Après une tentative de médiation au cours de laquelle il s'était lui aussi fait jeter dehors, il décida de contacter le vieil oncle, et d'alerter la justice. Il fut donc désigné tuteur, et ce furent les gendarmes qui durent venir chercher la pauvre femme pour l'amener à Dun. L'ancien instituteur, qui n'y connaissait rien à l'agriculture, décida de vendre le domaine. Après avoir consulté sa nièce, bien sûr. Il lui rendait régulièrement visite, tous les jeudis, dans son asile. Bizarrement, elle se rangea de bonne grâce à sa décision. D'après lui, elle ne voulait au grand jamais revenir dans cet endroit de malheur. La seule chose qu'elle lui fit promettre, ce fut de ne jamais vendre aux deux voisins les plus proches... Tout ça, le jeune couple l'a appris chez le notaire, justement, le tuteur ayant sympathisé avec eux.

Si je trouvais ce drame bien triste, j'étais surtout déçu qu'il ne provoque chez moi aucune émotion particulière. J'avais vécu son récit comme un spectateur devant un film. En quoi tout cela pouvait-il me concerner ?

- Elle est émouvante, votre histoire, Suzanne, mais je ne vois pas le rapport avec moi...

- Mais je n'ai pas fini, Jean !... Enfin, si tel est ton prénom.

- Comment ça ?

- En partant, Maurice a eu une idée lumineuse. Et si on s'y arrêtait, à ce cimetière, à Saint-Aignan ?

Idée lumineuse ? Moi, je trouvais ça plutôt morbide. Mais il fallait que j'aille dans leur sens, même si j'appréhendais la suite :

- Pas bête... Et alors ?

Suzanne prit un ton plus solennel, ne me regarda plus directement pour continuer :

- Un joli petit cimetière... On n'a pas peiné à trouver la tombe de la famille Bourry. Un caveau moderne, en ciment. Très bien entretenu, avec des fleurs fraîches. L'oncle devait y venir souvent. Sur la stèle, deux plaques vissées, agrémentées de photos sur des médaillons en céramique. C'est celle du haut qui nous surprit.

Maurice intervint :

- Surprit, le mot est faible : t'as failli tomber dans les pommes ! Remarque, moué, ça m'a mis une boule dans le ventre. J'ai eu les tripes nouées tout le voyage du retour !

Mireille, qui ne comprenait rien, s'énerva un peu :

- Arrêtez de nous faire languir ! Qu'as-tu donc vu qui t'as retourné les sangs ?

- Sur la plaque, il était inscrit : « Amédée Bourry - 1937-1962. » Sur la photo, en dessous, c'est le regard qui m'a troublé... Ton regard, Jean ! La même douceur, la même forme... Bien sûr, celui-là avait le nez bien droit, les traits du visage d'une beauté parfaite. On aurait dit un ange ! Mais si on t'imagine avant ton... accident, on aurait pu croire que c'était toi !

J'ai dû blanchir, à ce moment-là. Je ne pus que murmurer :

- Mais ce n'est pas moi, puisque je suis là, avec vous.

Maurice de m'approuver :

- Oué, t'as raison. C'est ce qu'on s'est dit, après...

Je me mis à penser tout haut :

- Un cousin, peut-être ? Pas un frère, puisqu'ils n'avaient qu'un enfant, les Bourry...

Suzanne me suivit :

- Pas un cousin non plus. Ils n'avaient ni frère ni sœur...

- Qu'en savez-vous ? Si madame Bourry venait de l'assistance, il se peut qu'elle en ait eu, des frères ou des sœurs, et qu'elle l'ignorait.

Mireille, en suivant attentivement la conversation, me contra :

- Non, Jean, ce n'est pas possible. Que serais-tu allé y faire, si elle ignorait l'existence de ses frères ou sœurs potentiels ?

- Oui, tu as raison, ça ne tient pas ! La seule chose dont je sois sûr, c'est que je ne suis pas dans ce tombeau. Je suis ici, bien vivant ! Vous savez ce qu'il faudrait qu'on fasse ?

Mireille devança mes pensées :

- Je vois où tu veux en venir. Rencontrer le tonton, c'est ça ?

- Exactement ! Mais sous quel prétexte ?

Ma compagne, complètement plongée dans le raisonnement, continua :

- Tu m'as bien dit qu'il venait visiter sa nièce le jeudi, maman ?

- Oui...

- Alors, il doit aussi passer au cimetière ce jour-là... Si comme tu dis, il vient de l'Indre, il ne doit venir qu'une fois par semaine, surtout s'il est un peu âgé.

- Sûrement, oui. À quoi penses-tu ?

- Il suffit qu'on aille se recueillir sur la tombe, un jeudi, nous aussi... Si mon hypothèse est bonne, on le croisera.

Suzanne acquiesça :

- Bonne idée ! On pourrait y aller la semaine prochaine, si tu veux, Jean ?

Je me contentai de hocher la tête en signe d'approbation. J'étais mal à l'aise à la simple évocation de faire le pied de grue devant ce cimetière. De me recueillir devant cette sépulture aussi. En plus, le prénom d'Amédée avait réveillé quelque chose en moi. Quoi ?... J'étais incapable de le définir. Il m'avait troublé, c'est tout.

Pour ne pas poursuivre dans cette voie, je fis diversion :

- Bon, si on parlait de choses plus gaies ?... Tiens, Mimi, passe-moi la belle guitare, que je la teste. Un petit morceau de musique espagnole, ça vous tente ?

XIV

Je ne sais pas comment m'était venue cette envie de flamenco. Je ne savais pas ce que je jouais, mais je le jouais avec une telle ferveur que je n'étais plus dans cette salle à manger au papier peint « scènes de chasse en Sologne » horrible. J'étais assis devant un feu de camp, entouré de danseuses aux robes chamarrées, les mains occupées à faire claquer des castagnettes... En guise de castagnettes, ce n'était que Maurice qui s'était levé et marquait la mesure en tapant dans ses mains, aussitôt imité par Suzanne. Mireille, elle, restait immobile. Dans son regard, en plus de l'amour qu'elle me portait, on pouvait lire une émotion proche de la vénération. Je ne sais pas combien de temps j'ai joué, mais quand j'ai décidé d'arrêter, une salve d'applaudissements salua ma prestation. Maurice, le premier, commenta :

- Vain Diou, tu joues drôlement bien !

Suzanne, ne sachant comment exprimer ce qu'elle ressentait, se contenta de dire :

- Bon, je vais nous faire couler un petit café.

Quant à Mireille, les yeux emplis de larmes, elle balbutia :

- Je le savais. Je le sentais qu'il fallait qu'un jour ou l'autre tu extériorises toute cette sensibilité qui sommeillait en toi. Je ne savais pas de quelle manière ça arriverait, mais je me doutais. C'est la première chose qui m'a attirée, chez toi. Tu avais l'âme d'un artiste. Ton tourment n'était pas seulement dû à ton amnésie. Tu étais frustré de ne pouvoir exprimer ton art... Voilà ce que je pense, là, tout de suite. Et merci, mon Dieu, de vous avoir laissés monter chez le tailleur à pied !

Je lui souris avec tendresse :

- C'est beau, ce que tu dis. Un peu grandiloquent, mais beau !

Elle se leva et vint me prendre la tête dans ses mains en s'asseyant sur ma jambe valide :

- Ne te moque pas de moi !

Maurice, gêné devant cet excès de tendresse, fit diversion :

- Et ton crincrin, là, t'en fais quoi ?

Crincrin ? Je supposais qu'il voulait parler du petit violon d'étude. Sans lui répondre directement, je demandai à Mireille :

- Tiens, passe-moi l'étui.

Elle ne se le fit pas dire deux fois. Après en avoir vérifié l'accordage, je réfléchis à ce que j'allais pouvoir leur interpréter. Je n'allais quand même pas refaire le coup de Vivaldi. J'optai pour une valse. Une belle viennoise. Aussitôt, je vis Suzanne pointer le bout de son nez. J'ai dû jouer dix minutes, peut-être plus. Un silence de cathédrale montrait tout l'intérêt de mon auditoire. Dès que j'eus terminé, Suzanne se contenta de dire :

- C'est incroyable !

Personne n'ajouta quoi que ce soit. Ils semblaient presque gênés de se retrouver face à cet inconnu qui les submergeait de tant de virtuosité. Une fois le café servi, Maurice, sur le ton de la plaisanterie, me demanda :

- Dis donc, tu pourrais venir jouer dans la clique avec nous ?

- La clique ? C'est quoi, ça ?

Mireille éclata de rire :

- C'est la fanfare d'Aubigny. Papa et ses collègues l'appellent la clique. Il y tient la grosse caisse... Mais il n'y a ni guitare ni violon dans ta clique, papa !

- C'est pas grave, il sait p't'être jouer d'aut'chose, Jeannot ? Je sais pas, moi. Du clairon, de la trompette, ou de la clarinette...

L'idée ne me déplaisait pas. Je répondis :

- Je ne sais pas. Il faudrait que j'essaie... En tout cas, je n'en ai aucun souvenir. Mais ça, ce n'est pas nouveau.

La soirée tirait à sa fin. Il allait bientôt être l'heure d'aller se coucher. Bizarrement, ce soir, j'avais un peu peur de me retrouver seul. Avec tout ce que j'avais découvert pendant cette journée, je craignais surtout de m'endormir. Qui sait quels rêves viendraient hanter mon sommeil ? Quand même, vers trois heures du matin, ivre de fatigue, je finis par sombrer.

Au réveil, comme j'en avais pris l'habitude depuis quelque temps, je ne savais pas quelle attitude adopter. Devais-je me réjouir de ce nouveau songe qui levait un peu plus le voile sur mon énigmatique passé ? Encore fallait-il que ce soit bien le mien... Parce qu'il était revenu, le petit garçon. Il semblait chercher une chose précise dans le fatras du bazar, sa pièce de cent sous à la main. Un gros homme à moustache, inondé de sueur, semblait bien le connaître puisqu'il lui demanda :

- Tu cherches quelque chose, Amédée ?

Eh oui ! Il l'avait nommé Amédée... Je ne savais pas comment je devais interpréter cette vision. Elle était sans doute liée aux évènements de la veille, aux révélations de Suzanne. Se pouvait-il que mon subconscient réagisse à ces découvertes ? Ou plus simplement essayais-je de les calquer à ma propre histoire ? Déjà, il fallait savoir si j'étais bien Amédée, parce que je continuais à n'être que spectateur de la scène, comme au cinéma... Le gamin sourit au gros homme :

- Vous l'avez pas vendue, la flûte en bois ? Parce que moi, j'ai les derniers cent sous !

Le marchand fouilla sous son étal et fit apparaître une belle flûte en bois clair :

- Mais non, Amédée ! J'te l'avais gardée de côté. Depuis le temps que tu l'attends ! Tu vois, quand on économise...

- Ah, merci !

Le petit paraissait ivre de joie. Il tendit sa pièce au camelot et s'en alla en sautillant, la flûte vissée à la bouche... Voilà, c'était tout pour cette nuit. Comment devais-je interpréter ça ? Une chose était sûre, je n'en parlerais à personne, de ce rêve-là. Même pas à Mireille.

La journée du dimanche se passa agréablement, au bord de l'étang du Puits. Ernest et moi avions tendu deux lignes chacun, mais sans plus de surveillance, pour le plus grand bonheur des poissons. Le pique-nique, préparé avec soin par ma belle-mère, fut agrémenté des deux bonnes bouteilles qu'avait amenées Nénesse. Si bien que la sieste sous les arbres dura jusqu'à plus de quatre heures de l'après-midi. Ensuite, ils me firent sortir la guitare de son étui et trouvèrent un nouveau jeu. La femme d'Ernest, qui avait un joli filet de voix, entonnait les tubes du moment, me demandant de prendre le train en marche pour l'accompagner. Comme ils s'y attendaient, ça ne me posa aucun problème. Quand les deux autres connaissaient le refrain, ils le reprenaient en chœur dans une belle cacophonie. Tout se termina par de grands éclats de rire.

Le soir, après un dîner léger à l'ombre du saule pleureur dans le jardin des beaux-parents, je prétextai un coup de fatigue pour m'isoler dans ma chambre. J'avais hâte que le sommeil me prenne. Il fallait à tout prix que je connaisse la suite des déambulations du gamin, là-bas, à Sancoins.

Mais rien ne vint cette nuit-là. Ou alors, je n'en retrouvai aucune trace tant mon sommeil fut profond. Était-ce dû à la journée de la veille, insouciante mais stérile du point de vue découverte ?... Possible. Ce pouvait aussi venir de la crainte d'en apprendre plus. La bonne question était : Avais-je vraiment envie de savoir, au risque de perdre ce que je vivais au présent ? Pour l'instant, tout ce que je découvrais, je le voyais comme un spectateur attentif, mais inconsciemment, j'hésitais à m'approprier le premier rôle.

En plus, ce matin, cette chanson reprise hier au bord de l'étang me trottait inlassablement dans la tête, et ça m'agaçait : « Et j'ai crié… crié… Aline... J'avais dessiné sur le sable... » Pour la chasser, j'actionnai le bouton du poste. À ma surprise, le speaker annonçait les informations de six heures. Il commença par les bouchons du week-end du 14 juillet, émaillés de quelques accidents : Millau, Saint-Pourçain, et bien d'autres dont je n'avais que faire. Puis on passa aux commentaires de l'étape du Tour de la veille. Aucun vainqueur final ne se dessinait à l'horizon, ce qui relançait l'intérêt de la course, aux dires du spécialiste. Peut-être aurions-nous un coureur français à l'arrivée à Colombe. Lucien Aimar, peut-être ? Poulidor, enfin ? puisque Jansen ne paraissait pas avoir les ressources nécessaires pour l'emporter... Quand le sujet changea pour passer à la politique, un peu en sommeil en ce mois de juillet, je coupai le son. Au même moment, la porte de ma chambre s'ouvrit doucement, laissant passer la tête de Mireille :

- Déjà réveillé ? Tu as mal dormi ?

- Au contraire ! Un sommeil de plomb ! J'ai dormi comme un bébé.

En finissant d'entrer, elle remarqua :

- On dirait que tu en es contrarié...

- Un peu, oui. J'attendais un rêve. Je suis impatient de savoir, maintenant, même si j'appréhende un peu plus chaque jour.

- Ce doit être ton esprit qui réagit. Il a dû te laisser un peu tranquille pour que tu assimiles les informations sans que ça finisse par te rendre fou. Une sorte d'autodéfense inconsciente...

Je lui souris :

- Ce n'est pas comptable que tu aurais dû faire. Psy chose ou psy machin te serait allé comme un gant !

- Arrête de te moquer ! Je demande à maman de te préparer un café, ou tu restes à flemmarder ? Parce que moi, il faut que je me prépare.

- Va pour un café !

Elle sortit pendant que j'attrapais mes béquilles et rejoignais la cuisine. Suzanne m'accueillit gaiement :

- Déjà debout ? C'est bon signe ! Tu reprends le rythme.

- Sans doute...

- Tu n'as pas l'air dans ton assiette ?

- Si, si, ça va... C'est sans doute ce qu'on va découvrir tout à l'heure qui m'effraie un peu. Ou la crainte de ne rien trouver du tout !

- On verra bien ! Il suffit d'y aller détendu. C'est pour ça qu'on va partir ce matin. Prendre notre temps. Je t'invite au restaurant ! J'ai préparé à manger pour les deux travailleurs.

- C'est gentil, Suzanne, mais...

- Y'a pas de mais !

Mireille et son père firent leur apparition autour de la table en même temps, stoppant là toute discussion. Ils avalèrent chacun un grand bol de café puis, après nous avoir souhaité une bonne journée, disparurent.

Tout au long de la route vers Bourges, je restai calé contre la portière, silencieux. Je ne sais pas pourquoi, mais j'étais de plus en plus nerveux à l'idée d'aller remuer ces papiers vieux de plus de quatre ans. Je ne fus pas plus loquace pendant le délicieux repas que m'offrit Suzanne. Elle n'osait rien dire, me sentant préoccupé. Elle constata tout de même mon manque d'appétit, surtout devant la belle pêche melba que je ne finis pas. Je ne savais pas si j'étais impatient d'être à l'heure ou si je craignais ce qui allait arriver, mais je consultais ma montre toutes les trente secondes.

Enfin, le moment arriva où on se présenta dans le hall du *Berry Républicain*. Une jeune femme semblait au courant de notre démarche, puisqu'elle nous orienta directement vers le service concerné. Un homme nous demanda alors quels numéros nous souhaitions consulter. Sans hésiter, je lui en fis part :

- Ceux du 25 juin 1962, et les suivants... Disons jusqu'au 1er juillet de la même année.

- Bien...

Il disparut quelques minutes et revint chargé des exemplaires demandés :

- Vous pouvez vous installer sur cette table, là.

La une du premier journal titrait sur un seul évènement : « Soirée de désolation dans toute la région » était le gros titre. « Les violents orages de grêle, accompagnés de vents violents, qui se sont abattus sur le Cher, la Nièvre et le Loiret ont causé d'énormes dégâts, ainsi que plusieurs accidents, dont certains se sont avérés mortels. » Suivait en italiques la mention : « Lire en page deux et trois. » La photo qui illustrait la catastrophe représentait une route complètement blanchie de grêlons de belle grosseur. Avant que j'ouvre le journal, Suzanne commenta :

- Je m'en souviens, de cet orage : tout le jardin était foutu ! On a même eu une tuile cassée sur la maison.

Je m'abstins de répondre et passai à la page deux. Là, il était question du ravage subi par les récoltes, et surtout par les vignobles de Sancerre, Pouilly, Menetou et Quincy. Le sud du Cher avait été relativement épargné, mais le vignoble de Châteaumeillant avait lui aussi un peu souffert. Une photo du vignoble de Menetou-Salon complètement dévasté illustrait l'article. La page en vis-à-vis était scindée en trois parties. La première titrait sur les interventions incessantes des pompiers ce soir-là, et listait les communes les plus touchées, de Mehun-sur-Yèvre à Baugy, en passant par Les Aix-d'Angillon et Vailly-sur-Sauldre. La deuxième concernait les coupures de courant dues aux lignes coupées par les arbres et autres branches tombées lors de cette tempête. Le troisième article, sur toute la demi-page du bas, traitait des accidents de la circulation liés à ces effroyables conditions météo. On en déplorait au moins neuf, dont un mortel. C'est sur ce dernier que la rédaction avait insisté : « Une puissante voiture anglaise a quitté la route au lieu-dit la Côte du Pic, dans le sens La Chapelle-d'Angillon-Bourges, en pleine ligne droite, dans une descente réputée dangereuse. Étrangement, malgré les trombes d'eau qui se sont abattues à cet endroit, le véhicule était complètement calciné à l'arrivée des secours. Selon nos informations, les deux occupants n'étaient toujours pas identifiés à l'heure où nous mettions sous presse. Nous vous tiendrons informés dans nos prochaines éditions. »

Je continuai à feuilleter le reste du journal sans rien y trouver d'intéressant, du moins pour ce qui nous occupait. Suzanne, impatiente, me demanda :

- Il faut regarder le suivant, parce que la voiture anglaise, j'ai bien peur...

En repliant le premier exemplaire, je lui répondis :

- Moi aussi, je crois.

La une du deuxième journal revenait encore sur la soirée orageuse dantesque de l'avant-dernier jour. Elle titrait cette fois sur le bilan chiffré de la catastrophe. La photo qui illustrait le propos montrait en grand format une école dont le toit du préau avait été arraché. En bas de page, une autre photo plutôt floue montrait une automobile retournée en contrebas de la route, complètement brûlée. En légende, on pouvait lire : « Une des victimes de l'effroyable accident de la Côte du Pic identifiée. Lire page trois. » En tremblant, j'ouvris le quotidien. Cette fois, le fait divers occupait toute la page de gauche. Deux photos venaient compléter l'article. La première représentait encore la voiture les quatre fers en l'air. Enfin, ce qu'il en restait. La seconde était le portrait d'un jeune homme souriant. Suzanne blanchit :

- C'est la même photo que sur le médaillon, là-bas, au cimetière...

Entre la mauvaise qualité du papier journal et la taille de la photo, je dus me rendre à l'évidence : la forme du visage, le regard et l'implantation des cheveux pouvaient effectivement faire penser à moi. En mieux. Les traits avaient l'air plus réguliers, et surtout le nez était droit et fin. J'en fis la remarque à ma belle-mère. Elle me contra :

- N'oublie pas que tu as subi une quadruple fracture de la mâchoire, une double fracture du nez, et que tes brûlures au cou ont tendu la peau de ton visage sur le côté gauche. La chirurgie réparatrice que tu as reçue n'a pu que modifier tes traits.

Je ne répondis pas. Je n'avais pas d'argument à lui opposer. Je commençai la lecture de l'article. Suzanne avait l'air d'en faire autant. Je ne sais pas combien de temps dura notre consultation, mais quand j'eus terminé, Suzanne remarqua :

- Tu ne te sens pas bien, Jean ? Tu es tout blanc !

Elle avait raison. J'avais la nausée. Le cœur au bord des lèvres, comme on dit. Je la rassurai néanmoins :

- Ce sont toutes ces horreurs, là... Mais ça va aller.

- Tu veux qu'on en parle ?

- On peut... Déjà, la voiture identifiée est bien celle de mon rêve, là-haut, à la Bifure. Ensuite, je n'ai à aucun moment rêvé que j'avais une passagère. Sauf quand j'ai pris les deux auto-stoppeurs. Mais la jeune femme était derrière. D'après leur article, elle a été retrouvée coincée sous la voiture à la place du passager. Et puis ce jerrican d'essence retrouvé dans la voiture, devant elle, c'est quand même étrange.

- Oui, d'ailleurs le journaliste a bien fait remarquer ce détail. C'est apparemment à cause de lui que la voiture s'est embrasée, d'après ce que j'ai compris.

- C'est la suite qui m'a rendu malade, Suzanne... Tenez, ici : « Les corps des deux victimes étaient tellement calcinés que toute identification était impossible. Si les autorités ont réussi à reconnaître le conducteur, c'est seulement après avoir fait des recoupements avec le service des cartes grises. Ensuite, après avoir prévenu ses parents, les services de médecine légale de Bourges ont conclu que la victime était bien Amédée Bourry. Les mensurations et la taille correspondaient effectivement. De plus, ses parents ont reconnu la montre qu'il portait au poignet. Tout abîmée qu'elle fût, c'était un modèle assez rare, et ses parents ne purent que confirmer l'identification. Pour la deuxième jeune victime, les recherches se poursuivent. Monsieur et madame Bourry n'ont pu qu'indiquer aux enquêteurs ne pas savoir que leur fils venait accompagné. »

- Ce que je trouve bizarre, moi, c'est que la voiture ait pu flamber malgré l'orage...

- Peut-être. Il suffit qu'ils aient quitté la route entre deux averses. Enfin, je ne sais pas, mais les faits sont là. Il y a eu deux morts dans cette auto, et moi je suis bien vivant !

- Pourquoi dis-tu ça ?

- Avez-vous lu le petit article qui illustre le portrait ?

- Non, pas encore. Je n'ai même pas fini de lire le grand.

- C'est troublant. Attention, quand je dis que c'est troublant, je n'en déduis rien de plus. Je vais vous le lire, Suzanne. Après, je vous dirai ce qui me chiffonne. Écoutez : « Amédée Bourry était une figure emblématique du paysage culturel français. Premier prix du Conservatoire de Paris dès l'âge de seize ans, il avait rejoint la même année l'Orchestre national de France. Un an après, il se distinguait en devenant premier violon. Ses interprétations en formation réduite, que ce soit à la salle Gaveau ou à Playel, en avaient fait une légende vivante. Inconditionnel spécialiste de Vivaldi, il devait enregistrer *Les Quatre Saisons* à l'automne pour la maison Gramophone. Personnage fantasque, il n'était pas rare de le retrouver certains soirs dans une cave de Saint-Germain pour une improvisation jazz à la guitare, ou avec un groupe de rock au Golf Drouot. Sa vie entière fut consacrée à la musique. Le ministre de la Culture André Malraux a par ailleurs déclaré sa tristesse dans un communiqué, qualifiant le défunt de «virtuose irremplaçable». À sa famille, à ses amis, notre journal présente ses sincères condoléances. »

Avant que j'aie pu ajouter quoi que ce soit, Suzanne dit :

- Je comprends ce qui te met mal à l'aise. Et moi aussi, je suis gênée. Je ne sais plus comment te regarder.

- Enfin, Suzanne, c'est moi, Jean ! Je suis là, et bien vivant ! Je ne suis pas un fantôme. Pour l'instant, ce qui me trouble, c'est que le premier morceau qui m'est venu quand j'ai essayé le violon, c'était *L'Été,* de Vivaldi. Mais pour le reste, je n'ai aucun souvenir, ni de grand orchestre, ni de cave... Et c'est une nécrologie que je viens de vous lire : il est mort, Amédée Bourry !

Elle laissa traîner son regard dans le vide, puis me demanda à voix basse, avec l'air de presque s'excuser :

- Dis-moi, Jean, dans ton rêve avec tes deux auto-stoppeurs, tu l'as bien vu, le garçon ?

- Heu, non, pas vraiment. Je n'ai jamais pu distinguer son visage ! Pourquoi ?

Elle ne me répondit pas directement, passant à une autre question :

- Et sa taille, sa corpulence, tu te souviens ?

Je pris le temps de la réflexion :

- Ben... Normal. De corpulence normale... De taille normale... À peu près comme moi, quoi !

- Voilà ce que je voulais entendre ! Mais peut-être que je me raconte une histoire ?

- Et si vous me la racontiez à moi, votre histoire, avant que je ne tourne maboul ?

- Eh bien voilà : ce n'est pas toi qui es mort dans l'accident de voiture, ce soir-là !

- Merci, je le sais, puisque je suis là !

- Non, je me suis mal exprimée... Je pense que c'est ton auto-stoppeur et sa compagne qui ont péri ce soir-là !... Attends ! À mon avis, ils t'ont agressé à la Bifure pour te voler ta voiture. Ils t'ont laissé pour mort, dans le petit bois, et t'ont rendu méconnaissable pour qu'on ne t'identifie pas tout de suite. Je pense qu'ils voulaient la revendre, ta voiture. Avec tes papiers d'identité et les papiers du véhicule, quoi de plus facile ?

Pour être franc, cette hypothèse me trottait dans la tête depuis quelques minutes. Mais elle présentait quand même quelques incohérences. Me voyant réfléchir, elle insista :

- Qu'en penses-tu ?

- Je pense que ça ne tient pas. S'ils avaient voulu revendre ma voiture, ils seraient remontés vers Paris. Au pire, ils auraient pris la route de Nevers, pour rejoindre Lyon ou Marseille...

- Et s'ils avaient projeté de passer d'abord le weekend dans le coin, en faisant des détours pour ne pas se faire prendre ?

- Oui. Enfin, ce ne sont que des suppositions, hein ? À ce moment-là, comment se fait-il que personne ne les ait cherchés, ces deux-là ? Des gens ont bien dû s'inquiéter de ne plus les voir, ne serait-ce que leurs parents ?

- Là, je ne sais pas comment l'expliquer non plus. La seule chose dont je suis à peu près sûre maintenant, c'est que tu es bien Amédée Bourry. Et je te jure que ce n'est pas facile pour moi. Maintenant, il va falloir le prouver. Et si on allait à la gendarmerie ?

- Pour leur dire quoi ? Bonjour messieurs, je m'appelle Jean Baptiste, mais en réalité, je suis Amédée Bourry, décédé il y a quatre ans. Je vais vous raconter ! Mais raconter quoi ? Je ne me souviens pas ! Ils vont m'envoyer directement à Beauregard !

XV

Suzanne s'était prise au jeu. En bonne amatrice de Miss Marple, elle échafaudait maintes astuces pour faire éclater la vérité. La première qu'elle me proposa fut complètement loufoque :

- Je sais ce qu'il faut que tu fasses. Il faut que tu ailles là-haut, à Paris, leur montrer qui tu es ! Tu prends ton violon et tu leur joues ce que tu nous as joué. Ils vont bien te reconnaître !

Je dus calmer ses ardeurs :

- Vous croyez que si je me pointe la bouche en fleur en leur demandant de m'écouter interpréter *L'Été,* ils vont m'ouvrir les bras et m'intégrer dans l'Orchestre national de France ? Vous n'y êtes pas du tout, Suzanne ! Si vous, vous me prenez pour un grand musicien, eux savent distinguer un exécutant d'un génie. Et pourquoi me reconnaîtraient-ils ? Quand je me regarde dans la glace, je trouve que je n'ai rien à voir avec cette photo, là ! À part les yeux, peut-être ? Et encore... De toute façon, je ne crois pas que j'en aie envie !

- Mais...

Il fallait que je la ramène sur terre. Bon, c'est vrai qu'en essayant de la contrer, j'avais été un peu de mauvaise foi. Je devais me rendre à l'évidence : il y avait de grandes chances que je sois bien cet Amédée Bourry. Trop de détails concordaient pour que je puisse le nier, depuis la voiture jusqu'à la ferme des Mornes, là-bas, où je me sentais chez moi. Mais je n'étais pas du tout prêt à l'assumer. Pour l'instant, je vivais ça comme une aventure certes passionnante, mais dont le rôle principal n'était pas pour moi. Enfin, le moi d'aujourd'hui. J'avais découvert une vie qui me convenait complètement, à Aubigny, auprès de Mireille. Et il me restait encore trop de choses à élucider. Je répliquai :

- Il n'y a pas de mais, Suzanne ! J'aurais voulu ne jamais avoir subi ce deuxième accident. On se serait mariés, et la vie aurait suivi son cours. On ne serait pas là, aujourd'hui, à courir derrière ce qui n'est sans doute qu'une chimère. Quand bien même je serais cet Amédée Bourry, je ne me vois pas tout quitter pour mener une autre vie que celle que je mène en ce moment. Et Mireille, vous y pensez, à Mireille ?

- Alors, ça sert à quoi, tout ce qu'on fait depuis que tu t'es réveillé ?

Encore une fois, elle avait raison. C'est moi qui avais mis le feu aux poudres. Mais il fallait bien que je sache : quand je m'étais réveillé, l'autre jour, à Gien, je n'étais plus personne ! Et maintenant, je découvrais que celui que j'étais vraiment me faisait un peu peur. Je refermai le journal et pris le suivant, le temps de trouver une réponse cohérente :

- Vous savez pourquoi je continue à chercher ? Pour ne pas devenir complètement fou, et pour que cessent ces rêves qui me réveillent en sursaut presque chaque nuit. Mireille, elle, en est bien consciente. Elle aussi, j'en suis sûr, appréhende la suite. On en a déjà discuté. Ce dont on est sûrs, tous les deux, c'est qu'on veut se marier, et la vie qu'elle me propose me convient tout à fait !

- Et tu vas rester ouvrier d'usine toute ta vie ? Quel gâchis !

- Je n'en sais rien, je n'ai pas encore essayé. Enfin, je n'en ai aucun souvenir... Mais il n'y a pas de honte à ça. Rappelez-moi ce que fait Maurice ?

- Ce n'est pas ce que je voulais dire ! C'est juste que si tu es un grand musicien, tu n'as rien à faire chez Drouard, c'est tout ! Enfin, c'est toi qui vois...

- Exactement ! Et pour l'instant, je ne vois pas grand-chose.

En ouvrant le troisième journal, on ne découvrit plus qu'un entrefilet dans la page des faits divers, avec un appel à témoins concernant l'identité de la femme carbonisée dans l'accident. Toujours pas d'avis d'obsèques à la page nécrologique. Je le refermai pour prendre le suivant. Avant que ma belle-mère ne puisse émettre une autre idée saugrenue, je lui dis :

- Vous savez ce qu'on va faire, Suzanne ? On va s'en tenir à notre plan d'origine. Jeudi, on va aller attendre celui qui doit être mon grand-oncle à la sortie du cimetière de Saint-Aignan. Là, on en saura sans doute un peu plus.

Elle ne me répondit pas. Elle semblait bouder dans son coin. Dans le journal du 28 figurait enfin l'avis d'obsèques. Tout simple, avec juste le nom des parents, suivi de « Sa famille et ses amis ». La cérémonie avait eu lieu le 30 juin en l'église de Saint-Aignan-des-Noyers, suivie de l'inhumation au cimetière du même village. J'allais pour rendre la pile de journaux à l'archiviste quand le titre de la une du dernier, celui du 1er juillet, retint mon attention. « Un dernier hommage à la hauteur de son talent rendu à Amédée Bourry », voilà ce qu'on pouvait lire. Une photo de l'église de Saint-Aignan cernée par une foule dense illustrait le propos. En légende, le reporter envoyait simplement le lecteur en page 3. En silence, j'ouvris le canard. Cette fois, la photo qui illustrait l'article représentait l'intérieur de l'église. Je commençai à lire. Suzanne, penchée sur mon épaule, faisait de même. Ce que j'en retins, c'était la popularité certaine du défunt... Enfin, la mienne, peut-être. Le journaliste rendait compte en effet de la présence de plusieurs personnalités du monde du spectacle. Outre une délégation de l'Orchestre national de France, on notait la présence de quelques grands noms du jazz français tels que Moustache ou encore Marcel Zanini. Mais la visite la plus remarquée fut celle d'Ivry Gitlis, autre prodige, qui s'était lié d'amitié avec le jeune homme. Le journal rendait compte également qu'une haie d'honneur formée par la fanfare de Sancoins avait accompagné la sortie du cercueil de l'église. C'était en effet au sein de cette formation que le jeune virtuose avait fait ses premières apparitions publiques, à la trompette d'harmonie, dès l'âge de neuf ans. L'article continuait en retraçant le parcours fulgurant de celui à qui on rendait hommage.

Après un coup d'œil vers ma belle-mère, je refermai le journal en murmurant :

- Vous avez lu, Suzanne ? À quoi bon remuer tout ça, aujourd'hui ?

Elle se contenta de chuchoter à son tour :

- Évidemment...

Une fois sortis, nous reprîmes directement la direction d'Aubigny. Tant que nous fûmes en agglomération, Suzanne, attentive, roula en silence. Ce ne fut que lorsque le paysage se dégagea qu'elle attaqua :

- Tout de même, il faudra bien que la vérité éclate, à un moment ou à un autre !

Elle ne dit rien d'autre, se rendant compte qu'elle venait de penser tout haut. Je n'allais pas la laisser dans le doute :

- Peut-être... Peut-être pas ! Pour l'instant, je ne me sens pas prêt. Et puis, je n'ai aucun moyen de prouver quoi que ce soit. J'aurais l'air malin, avec mes rêves : « Bonjour messieurs, ces dernières nuits, j'ai rêvé que j'étais Amédée Bourry, le célèbre musicien disparu il y a quatre ans... » Je pense qu'on me foutrait dehors à coup de pied dans le cul, où que j'aille raconter ça ! Non, on va s'en tenir à ce qu'on a prévu. Après, ce sera moi qui déciderai de la marche à suivre. Moi, et personne d'autre !

Elle parut déçue :

- Ne te fâche pas, Jean ! Moi, ce que j'en disais...

Quand on arriva enfin, les deux autres étaient déjà rentrés de l'usine. Maurice arrosait le jardin tandis que Mireille sirotait un soda sur la terrasse. Elle se leva, vint m'embrasser, m'aida à prendre place autour de la table, puis :

- Alors, cette escapade ?

Avant que Suzanne ait pu ouvrir la bouche, je me pressai de relater nos découvertes, posément, sans exaltation. À mesure que j'avançais dans mon récit, je sentais que je mobilisais l'attention. Maurice avait même posé son arrosoir pour venir nous rejoindre autour de la table. Quand enfin j'eus terminé, je lus dans les yeux de Mireille une sorte de peur panique :

- Tu étais une sacrée célébrité, dis donc ! C'est plus grave que je ne pensais... Enfin, si c'est bien toi, mais je n'ai plus beaucoup de doutes.

Maurice appuya :

- Quand que tout ça va péter, ça va faire un drôle de barouf !

Je le calmai avec les mêmes arguments que j'avais employés dans la voiture, tout à l'heure :

- Ça ne pètera, comme vous dites, que si je le désire... Pour l'instant, je préfèrerais que rien ne s'ébruite. Je ne me sens pas encore concerné par ce que j'ai lu. Moi, je n'aspire qu'à une vie tranquille, ici, avec vous. Il se peut que je sois bien cet Amédée, mais le récit de sa vie ne m'inspire rien. En clair, je ne me vois pas du tout comme ça. Rien que d'y penser, j'ai le vertige !

Mireille ne semblait pas comprendre :

- Il faut pourtant bien qu'on sache ! Sinon, à quoi servent toutes nos recherches ?

Je lui souris tendrement :

- On saura, ma chérie, je te promets ! Je suis le premier à le vouloir. Mais savoir ne veut pas dire étaler sur la place publique. Ce qui m'intéresse, c'est retrouver mon équilibre, savoir d'où je viens pour pouvoir décider où je vais. La seule chose dont je sois sûr, c'est que j'irai avec toi. Enfin, si tu le veux toujours...

Suzanne, fervente amatrice de romans à l'eau de rose, se sentit monter une larme au coin de l'œil :

- Eh ben, si ça c'est pas de l'amour !

Mireille, dans un élan de tendresse, vint se caler contre moi. Elle me chuchota à l'oreille :

- Bien sûr que je le veux, et on fera comme tu voudras.

Maurice, lui, ne l'entendait pas de cette oreille :

- J'crois pas que t'as pensé à tout, mon p'tit gars ! Là, tu penses qu'à toi, mais dis-toi qu'à cause de toi, y'a des gens dans la peine. C'te pauvre femme, perdue dans son asile, tu y penses pas, toi ?

- Bien sûr que j'y ai songé ! C'est bien triste, cette histoire. Mais jamais, en écoutant les uns et les autres, je n'ai ressenti un sentiment d'amour filial. De toute façon, ne vous inquiétez pas, je trouverai une solution.

- Pour que tu sentes quelque chose, il faudrait que tu la voyes, ta m'man ! Parce que moi, j'en suis sûr, à présent, que c'est ta m'man !

Je ne trouvai qu'à redire :

- Ce moment arrivera certainement un jour. Mais pour l'instant, on va s'en tenir à ce qu'on avait prévu. Jeudi, on ira à la porte du cimetière, chercher d'autres réponses. Parce qu'aujourd'hui, vraiment, on n'a pas appris grand-chose. On a juste été confortés dans ce qu'on pensait déjà savoir.

Maurice conclut la discussion par une pirouette :

- Oué, t'as peut-être ben raison... En tout cas, y'a eu quèque chose de bien, dans vot'balade, c'est que tu pourras toujours venir jouer de la trompette avec nous, à la clique !

La journée se termina par une salade fraîche servie sur la terrasse. Si la discussion partit sur d'autres sujets comme la visite que je devais effectuer le lendemain à l'hôpital, pour savoir si on pouvait me déplâtrer, chacun gardait en tête cette idée du mystère qui m'entourait. Si bien que passé dix heures du soir, chacun se dirigea en silence vers sa chambre.

Alors que je m'étais endormi sans difficulté, contrairement à ce que j'appréhendais, je me retrouvai assis sur mon lit, tremblant, trempé de sueur. Un coup d'œil à ma montre indiquait trois heures vingt. Des éclairs aveuglants pénétraient dans ma chambre par les interstices des volets fermés, suivis de grondements pas franchement rassurants. Une pluie lourde battait le toit de la maison. Une peur panique s'emparait de moi. J'essayai de me lever pour refermer la fenêtre que j'avais laissée ouverte. J'en avais oublié mon plâtre et me retrouvai à quatre pattes par terre. Ce n'était pas l'orage qui m'avait réveillé, ni non plus qui me mettait dans cet état de peur incontrôlable. Le rêve de la Bifure était revenu. Le cauchemar, devrais-je dire. Alors que j'essayais de me relever après le coup reçu sur la nuque, je voyais arriver la pointe d'une botte américaine. Elle me cueillait une première fois en plein nez. J'essayais de me dérober en m'appuyant sur les coudes quand un deuxième choc violent au bas de mon dos stoppait ma manœuvre. Je me laissais retomber et une deuxième fois, la botte revenait me frapper en pleine tempe. Bizarrement, je n'avais mal nulle part. Mais ce n'était qu'un rêve... Je me suis réveillé alors qu'une main ferme empoignait l'arrière de mon blouson et me traînait lourdement. Ma dernière vision fut celle d'un éclair qui barrait le ciel. Faisait-il partie du rêve, ou l'avais-je vu au moment de mon réveil ? Je ne saurais le dire. Maintenant, j'étais là, assis par terre au pied de mon lit, ne sachant quelle conduite adopter. Et le tonnerre qui grondait de plus belle ! Je ne vis qu'une solution : taper dans le mur. Il ne dut pas se passer plus de cinq secondes avant que ma porte ne s'ouvrît. Mireille se précipita vers moi, m'aida à m'asseoir sur le lit et alla repousser les battants de la fenêtre.

- C'est l'orage qui te met dans cet état ?

- Peut-être, un peu... mais pas que.

Je me résolus à lui parler de mes visions nocturnes. Elle écoutait attentivement, pas plus horrifiée que ça. Elle posa sa main sur mon bras :

- Ce doit être abominable pour toi, et je comprends ton état de panique. Mais on touche au but ! Tout s'emboîte comme je l'avais imaginé. Je suis persuadée que ce sont bien tes deux auto-stoppeurs qui t'ont volé ta voiture. Ce sont eux qu'on a retrouvés carbonisés à la Côte du Pic. Et toi, tu es bien Amédée Bourry.

- Sûrement, mais je ne me souviens de rien ! À part mes rêves, rien ne me rattache à cette vie que je suis supposé avoir vécue. Les seuls déclics que j'ai eus, c'est là-bas, à la ferme. J'étais chez moi, j'en suis sûr ! À Sancoins aussi, les lieux m'étaient familiers, mais je n'ai reconnu personne !... Attends, si j'étais bien lui, j'aurais dû réagir à la lecture de tous ces articles. Mais rien ! J'ai suivi les articles comme de simples faits divers !

- Je crois que tout ça est lié au traumatisme que tu as subi. Tu ne veux pas revivre cette nuit de cauchemar, et à cause de ça, inconsciemment, tu te caches. Et tant que nous n'aurons pas élucidé complètement les évènements de cette fameuse nuit, tu te cacheras. Voilà ce que je pense !

- Alors, tu crois que je vais continuer à revivre cette horreur, nuit après nuit ? Mais je vais devenir fou, moi !

- Attends, je suis là, moi. Je ne vais plus te quitter, même la nuit. Dès demain matin, j'en parle à maman. Après tout, personne n'est censé savoir qu'on partage la même chambre. Je suis même persuadée que certaines mauvaises langues le pensent déjà !

Elle se cala au creux de mon épaule, et contre toute attente, nous nous rendormîmes paisiblement jusqu'à six heures et demie.

XVI

Il y avait maintenant plus d'une heure que nous poireautions devant le cimetière. Nous étions arrivés dès midi. Après un petit tour sur la tombe de la famille Bourry, nous avions constaté que personne n'était encore passé. L'orage qui avait aussi dû sévir par ici en début de semaine avait abîmé les fleurs fraîches et renversé un pot. Nous en avions déduit que l'oncle n'était pas encore venu. Depuis, nous attendions assis dans la voiture. La chaleur accablante de ce beau jeudi de juillet commençait à avoir raison de ma résistance. Pour ne pas m'endormir complètement, je repassai en revue les deux jours qui venaient de s'écouler.

Le mardi, d'abord, avait été une excellente journée. Après une radiographie de contrôle, le chirurgien avait décidé que ma fracture était assez consolidée, et avait ordonné qu'on me retire mon plâtre. Il m'avait assuré aussi que je devrais remarcher normalement d'ici deux ou trois semaines. Évidemment, ma jambe rabougrie était toujours douloureuse, mais c'est avec un large sourire que j'étais ressorti de l'hôpital, seulement appuyé sur une simple canne anglaise. Le soir, après une discussion animée, surtout à cause des réticences de Maurice, il avait quand même été décidé que Mireille partagerait ma chambre jusqu'à ma guérison complète. Cette idée m'avait beaucoup amusé, sans que je l'exprime. J'aimais penser que jamais je ne guérirais de Mireille, et que c'était à vie qu'elle partagerait ma couche. Aussi, cette première nuit ensemble, nous l'avions passée sans presque dormir, sans faire trop de bruit non plus, et si j'avais rêvé, ç'avait dû être léger puisque je n'en avais gardé aucun souvenir au matin.

Le mercredi aussi avait été une belle journée. Au matin, j'étais resté dans ma chambre avec une envie irrépressible de musique. J'avais sorti la belle guitare et je m'étais amusé à jouer tout ce qui me passait par la tête. Même que Suzanne, à un moment donné, avait frappé à ma porte pour me demander de la laisser ouverte afin qu'elle puisse en profiter. L'après-midi, j'avais suivi les conseils du médecin qui m'avait recommandé de marcher le plus souvent possible. C'est donc à pied que j'étais allé chercher Mireille à l'usine, profitant de l'occasion pour aller saluer Nénesse et le reste de mes collègues. Bizarrement, je m'étais senti à l'aise dans cet environnement, même si je n'en reconnaissais pas les moindres recoins. J'avais dû y passer de bons moments, je ne voyais pas d'autre explication. Même le chef d'équipe, que j'avais fait semblant de reconnaître au premier coup d'œil, m'avait souhaité un prompt rétablissement et un retour rapide. Et même si Nénesse n'avait pas cessé de me briefer à chacune de ses visites sur les collègues et le fonctionnement de l'atelier, j'avais pensé avec une certaine fierté que j'aurais aussi pu faire un comédien honnête.

Le soir, c'est avec une sérénité affichée que j'avais pris le chemin de ma chambre. Si chaque nuit avec Mireille se déroulait comme la première, je n'avais plus aucune raison d'appréhender l'heure du coucher. J'avais tort : j'ai bien rêvé, cette nuit-là. Mais pas de cauchemar. Le petit garçon était revenu. Le violoneux aussi. Je pouvais le voir à le toucher. Il était vraiment âgé, ridé comme un vieux parchemin. Le gamin était assis en face de lui, un violon dans une main, l'archet dans l'autre. Face à lui, le vieux musicien portait une flûte à sa bouche, puis positionnait les doigts de l'enfant sur le manche du violon. Ensuite, il le regardait jouer avec un large sourire. Ce qui m'avait réveillé à ce moment-là devait avoir été la frustration : si je les voyais parfaitement, je ne les entendais pas du tout. J'avais vécu cette scène comme on regarde un film sans le son. Il n'était que cinq heures du matin, je n'allais pas déranger Mireille pour si peu. J'avais donc passé l'heure qui nous séparait du lever à la regarder dormir. Elle aussi rêvait. Elle s'était retournée deux ou trois fois en articulant des mots informes, puis avait repris une respiration régulière. Quand elle avait enfin ouvert les yeux, elle m'avait vu l'observer sur un coude et avait esquissé un sourire :

- Il y a longtemps que tu es réveillé ?

- Non... Un petit moment, quand même. À quoi rêvais-tu, tout à l'heure ?

Elle avait esquivé :

- J'ai rêvé ? Je ne m'en souviens pas. À toi, sûrement ! Tu n'arrivais plus à dormir ?

Je lui avais raconté mon nouveau songe, tout empreint de douceur et de complicité. Je lui avais dit aussi quelle était ma déception de n'avoir pas le son d'une part, et de m'être réveillé d'autre part. Comme à son habitude, elle n'en avait retiré que du positif :

- Ce vieil homme, il doit bien exister quelque part. Ce serait bien qu'on le retrouve. Lui te reconnaîtrait, j'en suis certaine !

- Tu sais, dans mon rêve, il est réellement très âgé. Ce serait un miracle qu'il soit encore de ce monde.

Voilà comment j'avais passé ces deux jours. Maintenant, on attendait. Il était quinze heures et personne n'avait encore passé la porte du cimetière. Sous la chaleur accablante, Suzanne s'était assoupie. Elle refit surface quand j'actionnai le bouton de l'autoradio. Elle regarda sa montre et me dit d'un air dépité :

- On a dû se tromper... Il ne viendra plus !

- Il se peut qu'on se soit trompés, mais pas comme vous le pensez. Je reste confiant. Je pense qu'il se rend d'abord à Dun pour visiter sa nièce, puis qu'il passe ici plus tard, à la fraîche. Il vient de La Châtre, par Lignières. Ça me paraît logique. Il finit son circuit en revenant par Saint-Amand.

- Tu as sans doute raison. On est donc là pour un bon moment !

- On n'a qu'à aller se promener. Visiter le village...

- Le tour doit être vite fait !

Après avoir verrouillé la 404, nous remontâmes vers l'église. La porte en était ouverte. En pénétrant dans la nef, j'eus une sensation de déjà-vu, encore une fois. Un vieil orgue, sur la gauche. D'instinct, je m'assis sur le tabouret et commençai à jouer. À peine avais-je posé les doigts sur les touches de ce qui n'était en réalité qu'un vieil harmonium que me revint en tête toute une série de musiques religieuses. J'étais surpris de mon agilité à actionner les tirants en même temps que j'enfonçais les touches et les pédales de cet archaïque instrument. Bon, la qualité sonore était loin de celle des grandes orgues de Strasbourg, mais elle fit néanmoins s'ouvrir une porte au fond de l'église. De la sacristie sortit un vieux prêtre en soutane, chose de plus en plus rare aujourd'hui. Sa démarche m'était familière. Je suspendis mon interprétation, de peur de me faire houspiller. Le curé approcha en demandant :

- Continuez, s'il vous plaît ! Il y a si longtemps que je ne l'ai pas entendu sonner comme ça, ce vieux coucou !

Sa voix déclencha en moi une émotion si vive que j'en rougis. Une pensée bizarre me vint à ce moment : « Comme quand j'étais gamin, pris en faute. » Aucun doute possible, je connaissais cet homme. Pour masquer ma gêne, je me remis à jouer de plus belle. Les pièces religieuses de Bach, qu'il me semblait connaître depuis toujours. Je ne sais pas combien de temps j'ai joué, mais quand j'arrêtai, le vieil homme dit simplement :

- Vous avez un talent fou, jeune homme... Il y a au moins quinze ans que je n'ai entendu quelque chose d'aussi beau dans cette église.

Je me tournai vers lui en retirant mes lunettes fumées. Je le vis pâlir instantanément. Il balbutia :

- C'est impossible ! J'ai beau être un homme d'Église, je ne crois pas à ce genre de miracle... Vous semblez être la réincarnation de quelqu'un que j'ai bien connu ! Malheureusement.

Suzanne, assise sur son banc, observait la scène en silence. Elle semblait attendre la suite avec impatience. Moi, d'instinct, j'eus envie de parler avec le curé. J'étais persuadé qu'il saurait m'écouter. Mieux que ça, j'étais sûr de trouver auprès de lui une oreille attentive :

- Mon père, il faut qu'on vous raconte une histoire. Mais sans être dérangés. Pourrions-nous passer dans votre sacristie ?

Sans un mot, il nous fit signe de le suivre. Il n'y avait que deux chaises dans la petite pièce. Il nous les proposa et resta debout, appuyé contre le mur. Ce fut lui qui lança la discussion :

- Alors, tu es bien Amédée ? C'est impensable...

- Ce que je vais vous raconter, mon père, ne devra pas sortir de cette église. Un peu comme une confession, même si je pense ne rien avoir à me reprocher.

- Ne t'inquiète pas. C'est tellement incroyable que personne ne m'écouterait !

- Aujourd'hui, je m'appelle Jean Baptiste. Depuis quelques années, déjà...

À mesure que je lui racontais mon histoire, je voyais son visage s'éclairer d'une joie immense d'avoir retrouvé une de ses ouailles qu'il pensait perdue. Avant d'en terminer, je tempérai son enthousiasme en concluant :

- Si je suis bien celui que vous pensez, moi, je n'en ai encore aucune certitude. Ce que je veux dire, c'est que je ne me vois pas du tout mener la vie que menait l'Amédée que vous avez connu. Et puis je ne me rappelle de rien de cette vie d'avant. Je n'ai que des bribes, des rêves, et quelques sensations de déjà-vu.

Il réagit avec une véhémence que je n'avais pas soupçonnée :

- Mais tu ne peux être qu'Amédée, au vu de ce que tu viens de me raconter ! Quand je pense que j'ai...

- Justement, mon père, je compte sur vous pour éclairer quelques zones d'ombre.

Le prêtre tira à lui un tabouret à trois pieds caché sous la table. Il y prit place, face à moi, et me fixa droit dans les yeux :

- Je t'écoute... Que veux-tu savoir ?

- D'abord une première chose qui me turlupine depuis quelques jours : comment les Bourry ont-ils pu reconnaître le corps qu'on leur a présenté, puisque je suis censé être Amédée ?

- Mon pauvre petit ! Si tu avais vu cette abomination ! Ce n'est pas un corps qu'on a demandé à tes parents d'identifier. Ce sont les restes décharnés d'un être qui avait complètement brûlé. Il n'en restait que les os, et quelques lambeaux de chair. Une véritable vision d'enfer.

- Parce que vous l'avez vu, vous aussi ?

- Oui... J'ai accompagné tes parents, ce triste jour. Après, j'ai même cru te donner l'extrême onction. Qui que ce soit qui s'en est allé à ta place, il est parti en chrétien... Pour répondre à ta question, les mensurations des restes de l'homme correspondaient exactement aux tiennes. En plus, sa dentition était parfaite, comme la tienne...

- Ce n'est plus le cas !

- Laisse-moi poursuivre... On avait retrouvé un homme dans ta voiture, avec ta montre, tes chaussures, et les restes calcinés de ton portefeuille. Comment auraient-ils pu douter, tes parents ?

- Et la jeune fille ?

- Je ne sais pas. Je ne l'ai pour ma part pas vue. Je ne sais même pas ce qu'est devenue sa dépouille. Longtemps, des appels à témoins ont été diffusés dans la presse, puis plus rien. Si ça se trouve, elle est encore dans les tiroirs de la morgue, pauvre âme ! Pour en revenir à toi, on ne peut pas dire que quelqu'un t'ait formellement reconnu. Si ton père ce jour-là avait demandé à ce qu'on lui ôte de la vue cette vision d'horreur, ta mère était restée dans son coin en pleurant doucement. Ce n'est que sur le chemin du retour qu'elle commença à affirmer que ce n'était pas toi, qu'elle ne l'avait pas senti, qu'elle était sûre que tu reviendrais. Chacun mit ça sur le compte de la douleur, n'y prêtant pas attention. Si elle vint à ton enterrement, elle resta muette, sans même pleurer, regardant tout le monde avec défi. Là, les rumeurs de folie commencèrent à s'amplifier dans le village, et même plus loin, jusqu'à Sancoins, où elle ne se rendait même plus au marché pour vendre ses fromages. Elle ne venait plus à la messe, non plus, elle qui n'en avait pas raté une seule depuis que je la connaissais. Un jour, ton père est venu me voir. Il vivait un enfer. Sa femme ne lui adressait plus la parole que pour le traiter de lâche. Elle lui reprochait sans cesse de ne pas te chercher, de ne pas douter de ta disparition, de ne plus lui faire confiance. En plus, elle avait commencé à noyer son chagrin à coup de petits verres de rouge. Pour venir en aide à Armand, je suis venu visiter ta maman : elle ne m'a même pas laissé entrer, en me disant que si je venais sans nouvelles de son fils, je pouvais repartir. Il faut bien avouer que moi aussi j'ai mis son agressivité sur le compte de la folie. Et puis un matin, on a retrouvé ton père dans la grange. Il s'y était pendu la veille. Ta mère ne s'en était inquiétée qu'au petit matin, en se levant. C'est qu'ils ne partageaient plus la même couche, ta maman dormait dans ton lit.

- C'est une bien triste histoire, mais...

- Attends, tu m'as demandé de te raconter, alors je finis. Ta maman n'est même pas venue à la messe d'enterrement de défunt Armand. Elle n'a d'ailleurs jamais remis les pieds ici, elle, une femme si pieuse ! On aurait dit qu'elle lui en voulait, à ton père. Mais le pire restait à venir. Après avoir chassé tout le monde, elle ne sortait plus de chez elle que pour venir à l'épicerie, ici, à Saint-Aignan, pour faire le plein de bouteilles. Elle faisait le chemin à pied, depuis les Mornes. Elle faisait pitié à tout un chacun, mais personne n'osait plus lui adresser la parole. Elle ne s'occupait plus du tout de la ferme. Les bêtes dépérissaient, au grand désespoir des voisins. Là, elle entra en guerre avec eux. La dernière fois que son plus proche voisin voulut tenter une médiation, c'est fusil chargé qu'elle le reçut. Il fallait faire quelque chose. On a réuni le conseil municipal, plus le docteur Lagrange, de Sancoins, et l'adjudant de gendarmerie. Le notaire, ce jour-là, nous apprit que si nous voulions procéder légalement, il fallait en informer l'oncle d'Armand. On savait où le joindre, puisqu'il avait assisté à la succession, quelques mois plus tôt. Il était à la retraite à Neuvy-Saint-Sépulcre, vers La Châtre. On ne l'avait pas vu souvent, celui-là, par ici. De mémoire, il était là à ta communion, puis à ton enterrement, et à l'enterrement de ton père. Depuis, personne ne l'avait revu... C'était quand même à lui de veiller sur ta maman !

- Vous n'avez pas l'air de le porter dans votre cœur ! Comment aurait-il pu savoir ?

- Je suis un homme d'Église, je suis censé aimer tout le monde... Mais lui, j'ai vite compris ce qui l'attirait.

Il s'est rendu à la convocation des gendarmes dès le lendemain. Ta maman était jugée dangereuse pour elle-même et pour son entourage. Avec son assentiment, il fut décidé de son internement. Ce ne fut pas une partie de plaisir. Elle attendait tout le monde fusil à la main. Il fallut beaucoup de diplomatie à l'adjudant pour la désarmer... Avec des mots, avec une promesse qu'il n'a jamais tenue, d'ailleurs.

- Une promesse ?

- Oui. Celle de continuer à te chercher. Pour elle, tu ne pouvais pas être mort. Ce jour-là, tout le monde alla en son sens. Même ton grand-oncle. Depuis, elle végète à l'asile, à Dun. Louis, ton oncle, a dû faire pénitence depuis. Il vient la visiter chaque jeudi, puis il passe ici, entretenir la sépulture de... Enfin, de ton père. Il ne devrait pas tarder, d'ailleurs.

- En réalité, c'est lui que nous venions rencontrer, aujourd'hui...

C'étaient les premiers mots de Suzanne depuis un bon moment. Le prêtre prit un air grave pour lui répondre :

- Je ne sais pas s'il va être content de vous voir. Comme je vous l'ai dit tout à l'heure, il ne m'a jamais fait bonne impression. Dès qu'il fut nommé tuteur de ta maman, il s'empressa de la convaincre de vendre le domaine. Je ne sais pas comment il s'y est pris, mais elle a accepté sans aucune difficulté. Depuis, il gère ses actifs, et je peux te dire que tes parents avaient du bien !

- Comment ça, du bien ?

- Outre la vente du domaine, ton père avait acheté des terres au fil des années. À sa disparition, il possédait plus de deux cents hectares. Si la ferme a bien été vendue, toutes les terres qui n'y étaient pas attenantes ne faisaient pas partie de la vente. Ton oncle les a mises en fermage et encaisse les loyers. Le mieux, à mon avis, serait que tu me laisses lui parler, que ce soit moi qui organise la rencontre.

- Vous avez une idée, mon père ?

- Oui... Laisse-moi faire. Si tu peux, reviens me voir dès que possible. J'ai encore tant de choses à te dire !

- Et moi tant de choses à vous demander... On peut passer samedi, si vous voulez.

- Si tu veux... On peut te joindre quelque part ?

Suzanne s'empressa de griffonner son numéro de téléphone sur une page d'un petit carnet qu'elle conservait dans son sac. Puis le vieux curé nous conseilla de partir vite. Il me donna une accolade chaleureuse, et me glissa à l'oreille :

- Heureux de ton retour ! Même si je n'en ai jamais rien dit, j'ai moi aussi toujours eu un doute.

XVII

On repartit en silence. Chacun était sous le coup des révélations du vieil homme d'Église. Après nous être arrêtés faire un plein d'essence chez Azur, près du pont à Sancoins, Suzanne me demanda simplement :

- Ça va, Jean ? Tu es tout pâle !

J'allais en être quitte pour une explication. Pour elle et pour moi-même. Je ne comprenais pas pourquoi j'avais été pris soudainement d'une peur panique. Au moment où le pompiste avait commencé à faire couler l'essence dans le réservoir, j'avais précipitamment remonté la vitre de la voiture. À ce moment-là, un tremblement incontrôlable s'était emparé de moi. Il n'avait pas cessé quand nous étions repartis. Pour couper court, je répondis simplement en rouvrant ma glace :

- L'odeur de l'essence, avec la chaleur, qui m'a un peu levé le cœur. Rien de plus...

- Tu es sûr, Jean ? Tu trembles encore, comme si tu grelottais...

- Oui, ne vous inquiétez pas... Merci de continuer à m'appeler Jean. Je crois que tout compte fait, il me plaît bien, ce prénom.

- Qu'est-ce-que tu veux dire ?

- C'est difficile à exprimer... Mais je ne me sens pas la force de revenir en arrière. Et surtout, je n'arrive pas à me dire que je suis bien cet Amédée, même si tout l'indique aujourd'hui. Et puis là, tout s'embrouille dans mon esprit... S'il n'y avait pas cette femme dans son asile, je crois que je laisserais tomber.

- Oui, mais elle existe... Elle attend depuis si longtemps qu'il va bien falloir l'aider. Surtout qu'elle avait raison, puisque tu es bien vivant !

- Vous savez ce qui m'effraie le plus, Suzanne ? C'est que lorsqu'on en parle, j'ai de la compassion, bien sûr, mais je ne ressens rien de plus. Un peu comme si on parlait d'une voisine, ou d'une vague connaissance.

- Je crois qu'un déclic peut venir le jour où tu la rencontreras vraiment, si par bonheur ce jour arrive.

- Elle est là, ma plus grande crainte : ne pas la reconnaître... ne rien éprouver au moment où elle viendra vers moi ! Je n'en ai aucun souvenir, à part la fois où je l'ai entraperçue en rêve, si c'était bien elle.

Suzanne ne trouva rien à redire, et le voyage se termina en silence, comme il avait commencé.

Dès que nous fûmes rentrés, les deux autres nous assaillirent de questions. Quand je leur dis qu'on n'avait pas rencontré le vieil oncle, ils parurent déçus. C'est Maurice, voyant bien qu'on n'était pas revenus bredouilles, qui relança la discussion :

- Qui que c'est que vous avez foutu, alors ?

Avant que Suzanne ne pût parler, je m'empressai de leur raconter par le détail notre rencontre fortuite avec le curé, et tout ce qui en avait découlé. Je dus les captiver puisque personne ne m'interrompit. J'eus même le temps de leur dire qu'on avait été obligé de partir comme des voleurs, à mon grand regret. J'avais encore tant de choses à lui demander, à mon vieux prêtre !

Le premier commentaire vint de Maurice :

- Vous avez eu du bol ! Il a pas l'air ben honnête, le tonton. Comment que tu crois qu'il va arranger ça, ton curé ?

- Je n'en ai aucune idée. Je lui fais confiance, c'est tout. Cet homme, même si je ne l'ai pas formellement reconnu, a éveillé quelque chose en moi. Je n'arrive pas à me souvenir de lui ; physiquement, je veux dire. Mais quand il était près de moi, je me sentais en sécurité...

- Oué... Ça nous dit pas comment qu'y va faire !

Mireille sortit de son mutisme :

- Je ne crois pas qu'il va parler de nous. C'est que ton retour ne va pas arranger les petites affaires de ton oncle, Jean. Je pense qu'il profite grassement de la situation, et qu'il berce ta maman d'illusions, à chacune de ses visites.

J'essayai de relativiser :

- Personne n'est tout noir ou tout blanc, Mimi. Il doit bien un peu se sucrer au passage, mais qui te dit qu'il n'est pas sincère dans sa démarche ? Après tout, il n'est pas obligé de venir à Dun toutes les semaines. Au cimetière non plus.

- Tu ne vois le mal nulle part, toi... Il ne vous visitait jamais, avant le drame, et là, tout d'un coup...

- Tout d'un coup, il s'est retrouvé investi d'une tâche qui lui tient peut-être à cœur. Il rompt la monotonie de sa retraite, en ayant un but chaque semaine.

Suzanne trancha dans le vif :

- On discute pour rien, là. Tout ça, ce ne sont que des suppositions. Laissons faire monsieur le curé.

La conversation à table porta sur des sujets plus légers. Maurice s'était permis d'annoncer aux membres de sa fanfare que j'allais sans doute bientôt les rejoindre. Au café, il revint du garage avec un étui d'où il extirpa une magnifique trompette d'harmonie, en me demandant :

- Essaye de souffler là-dedans...

Je portai l'instrument à mes lèvres. Quand je soufflai la première fois, un son exécrable en sortit, et une douleur sans nom raviva ma plaie fraîchement refermée.

Têtu, je plaçai l'embouchure de la trompette sur le côté intact de ma bouche. J'esquissai une première note. Mi mineur. J'appuyai sur un des pistons, et une deuxième note sortit. Instinctivement encore, Petite Fleur me vint en tête. C'était parti. Les trois autres s'étaient immobilisés, subjugués. Au bout d'un moment, à bout de souffle, j'arrêtai. Aussitôt, Maurice applaudit à tout rompre, vite imité par les deux femmes. Pour commenter la prestation, il dit :

- Eh ben voilà, on a une super trompette, à la clique ! Enfin, si tu veux, Jeannot.

Je lui souris :

- Pourquoi pas ? On pourra toujours essayer.

Chacun gagna sa chambre pour un repos mérité. J'étais tranquille. Je n'avais plus cette appréhension de m'endormir depuis que Mireille partageait mon lit. Ce soir-là, étrangement, elle ne me reparla pas de nos recherches. Elle me raconta leur journée, avec son père. Après l'usine, ils étaient allés continuer les travaux dans notre futur appartement. Ils avaient bien avancé. Elle me donna moult détails avec enthousiasme, heureuse qu'on puisse aménager dès qu'on sera passés par la case mariage. Sur ces belles paroles, je m'endormis sereinement, persuadé qu'avec elle à mes côtés, je ne pouvais pas faire de mauvais rêves. J'avais tort, encore une fois.

Réveillé en sursaut, je me retrouvai assis sur le lit avec la main de Mireille sur la bouche, qui me disait, affolée :

- Arrête de hurler, Jean, tu vas réveiller tout le quartier !

Hébété, les yeux exorbités, sans doute surpris par la violence de la lumière de la lampe qu'elle avait dû actionner pour se rassurer, je demandai :

- Qu'est-ce-qui se passe ?

Elle semblait désolée, déçue qu'encore une fois je ne me souvienne pas :

- Tu as crié comme si on t'étripait ! Un long cri déchirant... Jamais je n'avais entendu une plainte aussi désespérée ! Juste avant, tu m'avais bousculée, gesticulant en tous sens, et tu avais dit d'une voix suppliante : « Non, Gina ! Non, pas ça !... » Tu te souviens ?

Complètement réveillé, maintenant, je la surpris en révélant :

- Oh oui, je me rappelle ! Je me rappelle de tout, même ! Enfin, de mon agression, je veux dire... Je suis tombé dans un drôle de guet-apens !

- Mais alors, tu te souviens de tout ? Tu es guéri ?

- De tout, je ne sais pas... Mais de ce qui m'est arrivé ce soir-là, oui. Et du fait que je sois bien Amédée Bourry aussi. Mais laisse-moi te raconter ce que je viens de vivre, parce que je ne le raconterai pas deux fois, tellement c'est horrible... Je me suis senti tiré par le col de mon blouson d'une main ferme, par les cheveux de l'autre main. Je ne sentais plus mon corps, déjà. Il n'était plus que douleur. J'étais incapable de réagir. Quand les mains me laissèrent retomber, j'ai quand même réussi à relever la tête. Et là, je l'ai vue, qui tenait le jerrican d'essence. C'est sans doute à ce moment-là que tu m'as entendu supplier. Ce qui m'a le plus surpris, dans ce rêve, c'est que je l'ai reconnue, Gina. C'est sans doute ce qui a débloqué ma mémoire.

- Mais qui est cette Gina ?

- Attends ! Laisse-moi ordonner tout ça... La fin de mon rêve, d'abord. Dans ses yeux, à Gina, aucune pitié. Au contraire, j'y ai lu du défi. De l'ironie aussi. Rien ne l'a arrêtée : elle a continué à m'arroser copieusement. Le cri déchirant que tu as entendu, c'est sans doute quand l'autre a lancé l'allumette sur moi. Je me suis instantanément transformé en torche vivante. Par réflexe, j'ai mis mes deux bras en protection devant mon visage. Mais malgré mes efforts, j'étais incapable de me relever. D'un seul coup, j'ai senti de grosses gouttes d'eau sur ma tête. J'ai cru qu'on venait à mon secours. J'ai encore réussi à lever la tête. Il n'y avait plus personne. Seulement une grosse pluie d'orage qui tombait. Après, plus rien. C'est sûrement le moment où tu m'as réveillé.

- Mais cette Gina, tu la connais ? Tu t'en souviens ?

- Oh oui, je la connais ! C'est ce qui me fait dire que tout ça était prévu, prémédité... Et ce n'est pas ma voiture qui les intéressait. Ils l'auraient sans doute abandonnée dans quelque chemin creux, après s'être assez éloignés. Non, ce qui les intéressait, c'était mon violon. Jamais je n'aurais dû ouvrir le coffre pour récupérer mon blouson. Elle a vu l'étui, et c'est sans doute ce qui les a décidés à passer à l'acte.

- Tout ça pour un violon ? Il était en or ou quoi ?

Je lui souris gentiment :

- Non, mieux que ça... C'était un Stradivarius d'une valeur inestimable. C'était ma folie, presque ma raison de vivre. Elle le savait. Je suis sûr qu'elle a agi plus par vengeance que par appât du gain. J'ai lu dans ses yeux rageurs une satisfaction déterminée au moment où j'ai commencé à m'enflammer.

- Mais que lui avais-tu donc fait, à cette fille, pour qu'elle te haïsse autant ?

- Rien qui vaille ce qu'ils m'ont fait subir. Je lui ai juste demandé de partir de chez moi, quelques jours auparavant. Jamais je n'aurais cru déclencher autant de rancœur. Surtout qu'elle s'était rendue à la raison de bonne grâce, en partant.

- Mais qu'était-elle pour toi, cette Gina ? Ta fiancée, une simple conquête ?

- C'est plus compliqué que ça... Il faut que je te raconte Gina... Bien sûr que je l'ai aimée... jusqu'à l'exaspération ! Mais si on discutait de ça devant un petit café ?

Alors que nous ouvrions la porte pour nous rendre jusqu'à la cuisine, nous découvrîmes Suzanne, l'oreille presque collée dessus. Mireille, un sourire moqueur aux lèvres, remarqua :

- C'est pas bien d'écouter aux portes, maman.

Elle comprit le ton de sa fille et répliqua :

- C'est que vous m'avez fait peur ! Que se passe-t-il ?

- C'est Jean qui a rêvé... Un chouette rêve ! Enfin, c'est pas ce que je voulais dire, excuse-moi, Jean... Et papa ?

- Oh, lui, il s'est retourné, il a grogné et s'est rendormi. Alors, ce rêve ?

- On va te raconter. Viens à la cuisine, on allait prendre un café.

Pendant que Suzanne officiait à nous préparer un petit déjeuner, Mireille, avec mon approbation, lui fit le récit de mon rêve. À chaque fin de phrase, ma belle-mère ponctuait l'histoire de « Mon Dieu ! » de plus en plus catastrophés. Je dois reconnaître, en tant qu'auditeur, que la scène racontée avec les mots de Mireille paraissait encore plus effrayante. Quand elle eut terminé, Suzanne se contenta de dire, avec un clin d'œil :

- Bienvenue chez les vivants, Jean... Je suis heureuse qu'enfin tu saches qui tu es. Alors, cette Gina, tu nous racontes ?

Elle nous servit le café brûlant. Je pris le temps de le sucrer et de l'allonger d'une rasade de lait. Il fallait que j'ordonne tout ça, que je commence par le début, du moins tel qu'il me revenait :

- Je vous préviens, ça risque d'être un peu long...

- On a le temps, il n'est que cinq heures.

- Alors voilà... Chaque jour, j'allais répéter à l'Opéra. Le soir, je rentrais chez moi, dans un petit appartement que j'avais acquis rue des Petites-Écuries, dans le dixième. Bien sûr, comme tout bon Parisien, je me déplaçais en métro. Mais je descendais toujours une station avant, à Strasbourg-Saint-Denis. Je faisais mes courses sur le faubourg et je rentrais chez moi. C'est là que je l'ai rencontrée, Gina. Elle jouait du violon en haut des marches de la station, un chapeau posé devant elle. Du violon tzigane, avec la tenue folklorique qui allait avec : jupe longue chamarrée, châle noir et grosses boucles d'oreilles créoles. Elle faisait illusion avec sa longue chevelure noire bouclée.

« Au début, je lui laissais à chaque passage une pièce de vingt francs dans son chapeau. Enfin, vingt centimes, comme on dit aujourd'hui. À chaque fois, elle me gratifiait d'un large sourire. Sans doute avait-elle cru à la solidarité entre musiciens, puisque j'avais toujours mon étui à violon à bout de bras. La première fois qu'on s'est parlé, c'est elle qui a fait la démarche. Alors que je posais mon habituelle pièce de vingt francs, elle me demanda si je voulais boire un café avec elle. Un café ou autre chose. J'ai accepté, bien sûr.

« J'ai cru qu'on allait s'engouffrer dans le premier rade venu. Non : elle nous fit remonter tout le faubourg, jusqu'au coin de la rue de Paradis, et entra sans hésiter au Londres. Une fois installés, elle me dit y avoir ses habitudes, et qu'elle n'entrait jamais ailleurs, de peur qu'on ne l'ennuie. La conversation s'orienta vite vers la musique. Elle jouait depuis qu'elle était toute petite. Sa maman était musicienne. «Dans une autre vie !», avait-elle ajouté. Sans chercher à savoir qui j'étais et ce que je faisais, elle commença à me raconter sa vie.

« Contrairement à ce que j'aurais pu croire, elle n'était pas gitane du tout. Elle était italienne. Sa mère était arrivée en France en 1938, alors qu'elle n'était encore qu'un bébé. Elle n'avait jamais connu son père, victime du régime du Duce. Pour survivre, à deux pas de là, rue de la Confiance, sa maman faisait des ménages le matin dans les appartements bourgeois du boulevard Magenta et donnait des cours de violon l'après-midi. Gina, elle, avait suivi une scolarité chaotique, un peu à cause de la guerre, mais surtout par manque d'enthousiasme. Il n'y avait que la musique qui trouvait grâce à ses yeux. Tout aurait pu continuer ainsi si sa maman, victime d'une mauvaise grippe, n'était pas décédée en 1958. À partir de là, ce fut une lente descente aux enfers. Rapidement, elle n'arriva plus à assurer le loyer de l'appartement familial. Ce n'étaient pas les quelques cachets obtenus à la terrasse des bars et dans quelques clubs de jazz qui lui auraient permis de subvenir à toutes ses charges. Elle rendit donc le logement et vécut quelque temps chez la concierge qui la connaissait depuis toujours et l'avait prise en affection. Mais là non plus, ça ne dura pas. Ses retours à des heures indues, seule ou accompagnée, finirent par avoir raison de la patience de la bignole.

« Quand je la rencontrai, elle vivait en colocation avec trois amis dans un petit deux-pièces. Le premier était pianiste dans un club, le deuxième jouait de la guitare dans le métro et avec un groupe de rock le weekend. Quant au troisième, ami d'enfance du pianiste, on ne savait pas trop ce qu'il faisait mais il avait les poches toujours pleines de billets. Elle finit enfin par me demander ce que je faisais, avec mon étui à violon qui ne me quittait jamais. Évasif, n'aimant pas trop parler de moi, je lui dis simplement que j'étais musicien dans un orchestre philharmonique... Après, le café du soir devint un rituel, et ce qui devait arriver arriva. Elle resta un premier soir chez moi, puis un deuxième. Elle finit par s'y installer au bout de quelques semaines. Pour mon plus grand bonheur, je dois bien l'avouer. Si j'avais su !

J'avalai mon café et demandai à Suzanne de m'en resservir un autre. Elle me le versa de bonne grâce, impatiente d'entendre la suite. Au moment où j'allais reprendre mon récit, Maurice fit irruption dans la cuisine :

- Vous vous êtes levés avec les poules ! Qui donc qui se passe ?

En lui servant un café, Suzanne lui résuma succinctement la situation avant de conclure :

- Maintenant, tu prends le train en marche et tu te tais !

C'était clairement une invitation à poursuivre :

- Peu à peu, elle s'habitua à une vie plus facile. Elle ne jouait plus à la sortie du métro. Elle se contentait de quelques dates avec son ami pianiste. Un gars sympa, qui m'invita quelques fois à le rejoindre pour faire le bœuf, que ce soit à la guitare ou au violon. Elle savait bien sûr qui j'étais vraiment, maintenant. Mais jamais elle n'assista à une de mes représentations. Elle prétextait que ce n'était pas son monde. Par contre, de plus en plus souvent, je trouvais mon appartement plein de copains et copines quand je rentrais le soir. J'avais beau essayer de lui faire sentir ma réticence à ces soirées improvisées, elle faisait la sourde oreille et continuait à donner ses petites fêtes.

« Les choses dégénérèrent vraiment quand je partis en tournée en province. Quinze dates en trois semaines à travers l'Europe. Elle refusa évidemment de m'accompagner. Quand je suis rentré, deux jours avant la date prévue, un capharnaüm indescriptible régnait dans l'appartement. Il était deux heures de l'après-midi et elle dormait encore. Mais ce n'était pas le pire. Son copain Roger, celui qui avait toujours les poches pleines, dormait lui aussi dans le sofa. Animé d'une sourde colère, je commençai par le foutre dehors. Là, Gina montra son vrai visage. Elle me traita de petit bourgeois qui ne cherche même pas à comprendre. Si Roger était là, c'est qu'il se cachait pour ne pas être pris par les flics. Il était recherché pour purger une peine de prison. Ensuite, on s'est calmés, tous les deux, et on a discuté. Elle ne voulait plus rester, et moi j'avais envie qu'elle parte. Elle empila ses affaires dans une valise et me dit qu'elle retournait habiter avec ses amis. On ne se verrait que lorsqu'on en aurait envie. Tout se passa dans le calme. Au bout de quelques jours, n'y tenant plus, je suis passé à leur maison. Philippe, son ami pianiste, m'informa qu'il ne l'avait pas revue depuis un bon moment, et que jamais elle n'était revenue vivre chez eux. Après ça, je n'eus plus de nouvelles jusqu'à ce que je la trouve au bord de la route, à faire de l'auto-stop avec Roger.

XVIII

Mireille ouvrit de grands yeux, encore :

- Tu es sûr que c'était bien ton Roger ? Alors tu te souviens de tout !

Je pris un temps, afin de lui expliquer ce que je ressentais exactement :

- De tout, je ne sais pas... De mon agression, oui, tout m'est revenu. De ma période parisienne aussi. Enfin, du moins dans les derniers temps. De tout ce que j'ai vécu avec Gina, si tu veux. Ce qui me désole, là, maintenant, c'est que j'ai beau chercher à voir, je ne peux pas me souvenir de mes parents en tant que tels. Si je me souviens de mon père à travers les rêves que j'ai pu faire avec ce petit garçon, je n'ai aucune image de celle qui doit être ma mère... Le pire, c'est que ça n'éveille en moi aucun sentiment !

- Écoute, Jean, c'est déjà bien, ce que tu as revécu jusqu'à aujourd'hui. Le reste va venir, maintenant. Il faut que tu sois patient. Et puis le curé doit nous appeler, aujourd'hui.

- Patient, c'est facile à dire ! Je pense vraiment que je vais devenir fou ! Tout se bouscule dans ma tête : les images d'une netteté parfaite ne m'intéressent plus. C'est le flou des autres que je voudrais éclairer. Et surtout celles que je n'arrive pas à voir.

Maurice intervint à son tour :

- Bon, gamine, faudrait peut-être qu'on se prépare pour aller au boulot, nous !... Eh, Jeannot, tu sais qui que j'en pense, moué ? Faut qu'on aille aux flics, et pis c'est tout !... Non, attends ! T'es obligé d'y aller, à présent.

- Obligé de quoi ? Je suis officiellement mort et enterré. Personne, à part ma mère, ne m'a cherché, jusqu'à présent, et on l'a traitée comme une folle. Je ne suis donc tenu à rien ! Alors pourquoi je ferais ça, hein ?

- Pour ta m'man, justement ! Et pis pour c'te pauvre fille qui doit toujours moisir dans les tiroirs d'une morgue, là ou ailleurs. Qu'elle ait au moins une sépulture décente ! T'y avais pensé, à ça, baziau ?

- On trouvera un moyen. On n'est plus à quelques jours près.

- Si tu le dis !

Après un dernier café, chacun partit vers ses occupations. Moi, seul dans ma chambre, je faisais tourner mille questions dans ma tête. Qu'était devenu mon appartement parisien ? Comment était-ce possible que personne ne m'ait reconnu sur les photos diffusées aussi bien par les forces de l'ordre que par la presse, malgré l'insistance de ma mère à clamer que j'étais toujours vivant ? Mais surtout, comment allais-je faire pour échapper à un retour en arrière ? Parce que j'étais sûr d'une chose : je n'avais aucune envie de redevenir Amédée. Je ne voulais à aucun prix refaire la une des journaux. La vie que j'avais dû mener ne m'attirait pas du tout. J'étais Jean Baptiste, aujourd'hui, et je le resterais, quoi qu'il arrive !

À midi, je ne savais toujours pas comment j'allais sortir de cet imbroglio. Pas intact, en tout cas. À table, les trois autres n'osaient rien dire devant mon humeur maussade. Mon mutisme avait installé une gêne palpable. Ce n'est qu'avant de repartir à l'usine que Mireille tenta de me rassurer :

- Ne sois pas trop impatient. Il va bien appeler, ton curé !

Elle avait réduit mon agacement à la simple attente de ce coup de fil. C'était bien plus complexe, mais je me contentai de lui sourire en lui posant un baiser sur le front afin qu'elle parte rassurée. Je passai l'après-midi sur la terrasse en faisant semblant de lire un recueil de Prévert que je connaissais par cœur. Je voulais pour l'instant éviter toute discussion avec qui que ce soit. J'ai même dû m'endormir, puisque le cri de Suzanne depuis le perron me fit sursauter :

- Jean, téléphone !

Je me levai en silence, fébrile. Au passage, ma belle-mère commenta :

- C'est le curé de Saint-Aignan. Il a l'air tout guilleret.

- Merci, Suzanne.

Je me saisis du combiné en murmurant un « allô » presque inaudible. La voix enjouée du prêtre me vint aux oreilles :

- C'est toi, Amédée ?

- Si vous voulez... Mais je ne suis pas habitué. Je préfère Jean !

- Si tu veux... Jean ! Alors voilà : j'ai rencontré ton oncle hier soir. Rassure-toi, je ne lui ai pas parlé de notre rencontre. Je lui ai seulement demandé si je pouvais rendre visite à Marie sans que cela la perturbe. J'ai ajouté que j'avais une bonne nouvelle à lui annoncer. Il a paru intrigué, mais je me suis contenté de lui dire que je le tiendrais au courant en temps et en heure. Il m'a répondu que je pouvais tenter ma chance, que de toute façon elle était aujourd'hui réduite à un tel état de résignation qu'elle était prête à écouter n'importe quoi. Après, je l'ai accompagné jusqu'au cimetière, et je l'ai laissé repartir. Je peux te dire qu'il avait l'air anxieux... Bon, comment fait-on, maintenant ?

- Je ne sais pas...

- Écoute : ta maman, on peut la visiter tous les jours. Voilà ce que je te propose : tu viens demain matin à la cure, et on élabore une stratégie pour s'y rendre dans l'après-midi. Qu'en penses-tu ?

- Je ne sais pas... Je ne sais pas si je suis prêt.

- Il n'y a qu'en venant que tu le sauras ! Alors, je compte sur toi ?

- D'accord, je serai là... Mais il va falloir qu'on discute, avant !

- Si tu veux... C'est ma fonction première, d'écouter les âmes en peine. Allez, à demain, mon grand. Dieu te garde !

- Au revoir, mon père.

Dès que j'eus raccroché, Suzanne vint à la charge :

- Alors, qu'est-ce qu'il t'a raconté ?

Je lui narrai par le menu notre conversation, avant d'ajouter :

- On partira de bonne heure, avec Mireille...

Tout excitée, elle demanda :

- Je pourrai venir aussi ?

- Si vous voulez, mais ne vous attendez pas à une partie de plaisir. Je ne sais même pas si je serai capable d'aller jusqu'au bout.

- On sera là, nous, avec toi !

Quand les deux autres revinrent du travail, il fut décidé qu'on se rendrait tous le lendemain à la cure du petit village de Saint-Aignan. Mon village, pouvais-je dire maintenant, à n'en point douter.

Dans la voiture qui nous menait dans le sud du département, chacun se contentait d'écouter distraitement les émissions du matin de Radio Luxembourg. Sûrement conscients de l'importance de cette journée, nous étions les uns et les autres plongés dans nos pensées respectives. Maurice conduisait consciencieusement. Les deux femmes, derrière, regardaient défiler le paysage, comme si elles ne le connaissaient pas. Moi, à l'avant, je me sentais nerveux, grognon. J'avais passé une nuit exécrable, réveillé au moindre petit bruit. Et sans rêve. Déjà, nous nous étions endormis tard, vers deux heures du matin. Avec Mireille, on avait essayé de tirer des plans sur la comète, pour l'après. Elle avait compris que je ne voulais pas redevenir Amédée, et cherchait des solutions pour concilier mes désirs et mes nouvelles obligations vis-à-vis des gens blessés par ce drame. Sans solution, pour l'instant. Ensuite, elle tenta de raviver plus loin mes souvenirs de la nuit du drame. Malheureusement, je ne pouvais rien lui apprendre de plus. Que lui dire, à part que je sentais avec horreur les flammes me lécher les joues, que j'assistais impuissant à l'immolation de mes mains, malgré la pluie violente qui me cinglait le dos ? Comment lui faire comprendre qu'après, c'était le trou noir ? Ce n'est qu'à mon réveil, dans cet hôpital de Gien, que j'ai repris conscience. Mais pas en 62. Non, il y a un peu plus de trois semaines, maintenant. Complètement perdu, entamant une troisième vie. Et pourtant, je sentais au fond de moi que ces quatre années avaient été sinon heureuses, du moins sereines. En entendant ça, Mireille sembla rassurée et s'endormit au creux de mon épaule.

Enfin, Maurice rangea la voiture devant l'église. Le prêtre nous attendait et nous guida jusqu'au presbytère. Il nous proposa un café qui frémissait sur la plaque en fonte de sa vieille cuisinière à bois. Il semblait ravi que nous soyons venus tous les quatre. Il nous expliqua son plan, pour cet après-midi. Il irait d'abord seul à la rencontre de ma mère, lui rappellerait la promesse qu'il lui avait faite, quelques années auparavant, puis lui proposerait une petite promenade dans les rues de la ville. Nous, nous devrions l'attendre sur un banc, dans le petit square sur le côté de l'église. Après, il ne maîtriserait plus rien, ce serait à moi de jouer. Si tout le monde approuva, je lui fis quand même part de mes réticences. Il fallait aussi qu'on réfléchisse à la suite. Pour moi, il n'était pas question que je redevienne Amédée d'un coup de baguette magique. Je voulais à tout prix rester Jean, et ne pas défrayer la chronique. Le curé, en homme sage, me répondit :

- Chaque chose en son temps, mon jeune ami. On trouvera, ne t'inquiète pas !

Pour le midi, il avait tout prévu, et son civet de lapin fut un délice. Puis on suivit sa 2 CV paisiblement sur la route de Bannegon, direction Dun-sur-Auron.

Une fois arrivés, il nous indiqua où nous devions l'attendre. Ce n'était pas vraiment un parc, simplement un espace de gazon arboré où trônaient quelques bancs, le long de l'église. Il nous abandonna, précisant qu'il ferait le plus vite possible. Cette attente était interminable. Ce fut Maurice qui manifesta le premier son impatience :

- Il aurait pu nous laisser dans un bistrot, quand même, le curé !

Suzanne, les nerfs tendus, demanda :

- Pourquoi ? T'as soif ?

- Même pas !

- Eh ben alors, tais-toi !

Mireille, elle, serrait ma main comme pour me protéger. Assis l'un contre l'autre, on ne trouvait en cet instant rien à se dire. Presque une heure et quelques Gauloises consumées plus tard, on les vit apparaître au détour de l'église. Elle semblait si petite, au bras de cet homme massif ! Voûtée, toute vêtue de noir, le cheveu blanchi avant l'âge, elle trottinait afin de suivre le pas du prêtre. Quand ils ne furent plus qu'à quelques mètres de nous, un large sourire illumina son petit visage triste, et les larmes me vinrent aux yeux. Si je ne la reconnus pas formellement, je sentis que c'était elle. Elle était bien ma mère. Tout en moi me criait que c'était elle. Elle lâcha le bras du curé et s'avança timidement vers nous. Elle s'arrêta, à presque nous toucher :

- Mon petit... C'est toi !... C'est bien toi !

Je pris doucement la main qu'elle me tendait, me levai et la prit délicatement dans mes bras :

- Oui... Maman ! Maintenant, je suis sûr que c'est bien moi !

L'étreinte dura de longues secondes, silencieuse. Quand elle se détacha enfin de moi, elle se tourna vers le prêtre :

- Merci, mon père ! Mille fois merci !

Puis, s'écartant de moi pour mieux me regarder :

- Je le savais ! Je le sentais, que tu allais revenir ! Jamais je n'ai cru...

Là, elle éclata en sanglots. Je lui repris la main, puis l'attirai vers moi. Elle sortit un mouchoir de la manche de son gilet noir, s'essuya les yeux et dit :

- Il faut le faire savoir ! Il faut que tout le monde sache ! Il faut surtout qu'on rentre chez nous !

Nous y étions. Il allait maintenant falloir lui faire comprendre que plus rien ne serait comme avant. Je devais trouver les bons mots, tout lui raconter, et surtout lui faire admettre la réalité d'aujourd'hui :

- Tout n'est pas aussi simple, maman... Il faut qu'on en parle, que je t'explique...

Retrouvant son calme et ses esprits, la question fusa, surprenant tout le monde :

- Mais où étais-tu passé pendant toutes ces années ? Et ta tête ? Tu as vu ta pauvre tête ? Et tes mains ? As-tu vu l'état de tes mains ?

Avant que j'aie pu répondre, le curé intervint :

- Sans doute serait-on mieux ailleurs, pour discuter de tout ça ? Venez, je vous offre à boire.

Des trois autres restés silencieux, sans doute saisis par la scène, Maurice fut le premier à réagir :

- Enfin une bonne parole !

Ma mère, semblant enfin s'apercevoir de leur présence, les dévisagea et demanda :

- Qui sont ces gens, Amédée ?

- Des amis, maman... Mieux que ça : de la famille ! Mais je te raconterai tout dans l'ordre.

On descendit à pied jusqu'à la place Vinadelle. Ma mère à mon bras se serrait contre moi, sans doute de peur de me voir encore disparaître. Mireille marchait à mon côté, n'osant pas me prendre la main. On s'installa à la terrasse de « La Civette ». Maman allait parler quand, d'autorité, je la devançai :

- Non ! C'est moi qui parle, maintenant, et personne ne m'interrompt !

XIX

À mesure que j'avançais dans mon récit, les détails me revenaient avec une précision diabolique. Ce que j'avais rêvé n'avait fait que me mettre sur la voie. Mais ce n'étaient que des rêves. La réalité était tout autre. D'abord, après avoir reconnu Gina et Roger au bord de la route, j'avais failli ne pas m'arrêter, mais la curiosité l'avait emporté. Ensuite, ce fut Gina qui m'expliqua la raison de leur présence ici, sur la Nationale 7. Ils étaient partis de Paris pour me rejoindre à Sancoins, me faire la surprise, mais ils étaient tombés en panne avec la vieille guimbarde de Roger dans le village précédent. Ils avaient ensuite hésité à retourner vers Paris, mais comme j'avais raconté que chaque année je me rendais à l'Assemblée de Sancoins (c'est ainsi qu'on nommait la fête annuelle du village), afin de retrouver mes copains et de participer au défilé avec la fanfare, elle avait décidé de poursuivre quand même la route en auto-stop pour se faire pardonner son comportement ridicule après notre séparation. Elle avait fini par me convaincre, si bien que je leur avais proposé de venir passer le week-end chez mes parents. Je n'ai bien sûr rien vu venir.

Ce n'est pas moi qui ai décidé de m'arrêter à la Bifure. C'est Roger qui me l'avait conseillé, voyant que le ciel se couvrait, qu'il allait sans doute pleuvoir. Ils avaient tout prévu. Ce qui me faisait rétrospectivement frissonner d'effroi aujourd'hui, c'était qu'ils avaient programmé mon assassinat dans les règles. La seule faille dans leur plan était le risque que je ne m'arrête pas. Mais je m'étais arrêté.

Je finis ma part du récit en ajoutant :

- Tu vois, maman, il paraît que je suis un miraculé. C'est tout le corps médical qui l'a pensé. Personne n'était loin de la vérité en me croyant mort... La suite, c'est Mireille qui va te la raconter, parce que moi, les dernières années, je n'en ai aucun souvenir.

Jusque-là, tout le monde m'avait laissé parler en silence, sans doute surpris que je me souvienne aussi bien de cette soirée d'horreur. Mireille hésita un long instant avant de se lancer dans ce qu'avait été mon arrivée à Aubigny, mon périple d'hôpitaux en hôpitaux avant notre rencontre, nos projets, et enfin ce dernier stupide accrochage avec la bétaillère qui, s'il m'avait ouvert les yeux non sans mal sur ma vie d'avant, avait complètement gommé celle que j'avais menée les quatre dernières années. Elle avait elle aussi mobilisé son auditoire, et un long silence suivit ses explications. Je dus le rompre pour préciser :

- La seule chose dont je suis sûr maintenant, c'est que Mireille est bien la femme de ma vie. Dès que je l'ai vue entrer dans cette chambre sinistre, là-bas, à Gien, je l'ai su !

Elle rosit et m'adressa un sourire plein de tendresse. Ma mère, qui n'avait pas lâché ma main depuis que nous nous étions assis, commenta :

- Quel gâchis que tout ça... Mais je ne vois pas ce qui nous empêche de crier la vérité, maintenant ! C'est toi la victime, mon fils ! Tu n'as rien à te reprocher.

- Je sais, maman... Mais ne prends pas mal ce que je vais dire. Aujourd'hui, je me sens plus proche de Jean Baptiste que d'Amédée Bourry. Et jamais je ne retournerai vivre à Paris. Je ne me vois pas passer ma vie à jouer du violon. Pour moi, la musique doit rester un moyen de détente, d'évasion. Et puis j'aspire à une vie simple, avec ceux que j'aime. Et dont tu fais partie, bien sûr !

- Alors moi, qu'est-ce-que je deviens, dans tout ça ? Tu me laisses moisir ici, et tu viens me visiter toutes les semaines, comme ton oncle ?

Je sentais poindre de l'amertume dans ses paroles. Très vite, je la rassurai :

- Il n'en est pas question ! Dès ce soir, tu quittes cet endroit pour venir avec nous ! On s'arrangera...

Le curé m'interrompit :

- Eh, ça ne se fait pas comme ça ! Marie est sous tutelle, ne l'oublie pas. Il faut qu'on prévienne ton grand-oncle. Il n'y a que lui qui peut la faire sortir.

La véhémence de ma réplique le surprit :

- Qu'est-ce-que vous attendez, alors ? Appelez-le, qu'il rapplique dare-dare !

Sans un mot, il se leva et se dirigea vers le bar, puis disparut au fond de la salle. Plutôt que d'attendre patiemment le retour du prêtre, ma mère revint à la charge :

- Mais tu ne peux pas rester Jean Machin-truc ! Tu es Amédée Bourry, et je suis ta mère ! Sinon, comment vas-tu me présenter, là-haut, dans ton bled ? Tu vas m'appeler madame ?

- Mais...

- Il n'y a pas de mais ! Tu n'as pas réfléchi plus loin que le bout de ton nez. Tu veux te marier avec cette jolie jeune fille ?

- Oui, mais...

- Elle, c'est son papa qui va la conduire devant monsieur le curé... Et toi ? Tu crois que je vais assister à ça tapie au fond de l'église ? Ah non ! C'est moi qui t'y conduirai, aux yeux de tous !... Non, attends ! Si vous vous mariez, c'est que vous voulez des enfants, non ?

Que vas-tu leur raconter, à tes enfants, quand ils t'interrogeront sur leurs racines ?

- Vu comme ça, évidemment...

- Oui, vu comme ça... Mais ce n'est pas tout. Penses-tu que je vais laisser cet intrus dans notre caveau de famille ? Un bandit, en plus ! Il n'en est pas question ! Ton père a droit à un repos paisible. Parce que ton papa, c'est une vraie victime, lui ! Si moi je passais le plus clair de mon temps dans ta chambre, après le drame, lui passait le sien au cimetière, dès qu'il le pouvait. J'ai sans doute été injuste avec lui, mais je ne pouvais pas m'en empêcher. Je n'arrêtais pas de lui reprocher de ne pas te chercher. Lui me répondait que j'étais folle, que je ferais mieux de faire mon deuil. Et puis il se retrouvait seul, puisque je dormais dans ton lit. Moi, je savais que tu n'étais pas mort. Je le sentais. Ce que je n'ai pas vu, c'est le vrai chagrin de ton père. Il ne disait rien, ne montrait rien ! Je le croyais plus solide ! Jamais je n'aurais pensé...

Elle éclata encore en sanglots. Heureusement, le curé revenait vers nous. Il interpréta mal les pleurs de ma mère :

- Ne vous inquiétez pas; Marie ! Votre oncle sera là dans deux heures, le temps de venir.

Curieux, je lui demandai :

- Comment avez-vous réussi à le convaincre ?

- Je lui ai dit que sa nièce avait besoin de lui avant dix-huit heures. Je lui ai dit aussi qu'elle souhaitait venir avec moi pour se recueillir, qu'elle avait enfin retrouvé la raison. Il m'a simplement répondu « J'arrive ! », puis il a raccroché. Voilà ! Mais tu sais, Amédée, la suite ne va pas être aussi simple. Je crois qu'il va vraiment falloir que tu reprennes ta véritable identité.

Si lui aussi s'y mettait, maintenant :

- Je vois que vous vous liguez tous contre moi ! Déjà, je vais te répondre à toi, maman. Parce que si je ressens bien que tu es ma mère, je n'ai toujours aucun souvenir de mon enfance, de toi, de papa. Tout est encore tellement embrouillé, dans mon esprit... Je ne revois que ma chambre, aux Mornes. De papa, je n'ai que quelques rêves où je n'arrive même pas à distinguer son visage clairement... Tu vas en avoir des choses à me raconter ! Quant à vous, mon père, expliquez-moi clairement pourquoi je ne pourrais pas choisir d'être qui je veux...

- Oh, plein de raisons, mon jeune ami, vont t'obliger à redevenir Amédée... Déjà toutes celles invoquées par ta maman, mais c'est surtout vis-à-vis de la légalité qu'il va falloir que tu le fasses !

- C'est-à-dire ?

- Déjà, pour sortir ta mère de cet endroit. Ce sera le plus simple, puisqu'elle avait raison. Ensuite, pour la jeune fille morte dans l'accident. Il faut que tu l'identifies, qu'elle repose enfin en paix. Enfin, pour qu'on puisse tirer un trait sur ce mystère, et que tu retrouves la sérénité... Non, attends ! Ne me dis pas que tu es pleinement heureux. Ce n'est pas vrai ! Je veux juste que tu me laisses faire, et je te promets que je ferai en sorte que ton... retour en tant qu'Amédée se fasse dans la discrétion !

Je n'avais pour l'instant pas d'argument à lui opposer. Je sentais en lui la sagesse, et j'avais décidé de lui faire confiance. Comme je restais muet, c'est Maurice qui enfonça le clou en disant :

- Tu sais Jeannot, que tu t'appelles Jean, Amédée ou Tartempion, pour nous, ça changera rien !

Mireille renchérit, posant sa tête sur mon épaule :

- Il a raison... Je crois même que je vais te préférer en Amédée ! Il faudra juste que je m'habitue à ce prénom.

On le vit arriver de loin, mon grand-oncle. Si je m'en étais fait une image d'instituteur à la retraite, il avait, lui, vraiment forcé le trait. Petit homme chafouin coiffé d'un béret bleu délavé, vêtu d'une veste grise informe et d'un pantalon qui tirebouchonnait sur des chaussures noires d'un autre siècle, il avançait vers nous à petits pas rapides. Un cartable de vieux cuir marron pendait au bout de son bras. Cette caricature m'arracha un sourire qu'il interpréta comme un signe de bienvenue. En vérité, je me retenais seulement de ne pas carrément éclater de rire. Les consommations ingurgitées en l'attendant y étaient certainement pour beaucoup. Après les quelques bières rafraîchissantes, comme disait Maurice, on était passés aux petits sancerres bien frais, qui se laissèrent boire sans soif pendant que nous écoutions l'exposé du curé concernant la suite des évènements, qu'il s'était permis d'orchestrer pour moi afin de rétablir la vérité sans trop de conséquences fâcheuses ; si bien qu'à l'arrivée du vieil homme, on attaquait la troisième bouteille. Seule ma mère s'était contentée de menthe à l'eau. J'étais dans un tel état d'euphorie qu'à l'arrivée du tonton, j'avais l'impression d'être dans un film de Tati. Complètement bigleux, il salua d'abord le prêtre avant de s'adresser à maman :

- Bonjour, Marie, ça va ?

Ne lui laissant pas le temps de répondre, il poursuivit en nous dévisageant :

- Messieurs dames... Mais qui sont ces gens ?

Ce fut le curé qui intervint :

- Votre neveu, monsieur Bourry, et ses proches...

Heureusement qu'une chaise était libre derrière lui, puisqu'il s'y laissa tomber. Il me scruta ensuite de la tête aux pieds avant de murmurer :

- C'est ma foi bien possible... Mais comment ?

L'homme d'Église l'interrompit en se lançant une nouvelle fois dans le récit de mes mésaventures, seulement ponctué quelques fois par des « oh ! », ou encore des « ah bien ça alors ! » du vieil instituteur. Dès qu'il eut terminé, mon grand-oncle dit :

- Tu avais raison, Marie ! Mais qui aurait pu se douter ?

Puis, se tournant vers moi :

- Excuse-moi, Amédée, de ne pas t'avoir remis tout de suite ! Il faut dire que je ne t'avais pas revu depuis ta communion...

Me retenant toujours de rire, je me contentai de répliquer :

- Y'a pas de mal.

Il continua :

- En tout cas, ça va m'enlever une épine du pied. Excuse-moi, Marie, de dire ça, mais à mon âge, toutes ces allées et venues, hein ?... Tout va rentrer dans l'ordre, maintenant.

Le curé le coupa :

- Ce ne sera pas aussi simple. Dans un premier temps, on va se contenter d'aller à l'hôpital afin que vous puissiez signifier la prise en charge de Marie jusqu'à lundi. Pensez-vous qu'ils la laisseront sortir ?

- Mais bien sûr ! C'est elle qui ne voulait pas le quitter, l'asile ! C'est vrai que tu es têtue, Marie... Elle a toujours affirmé qu'elle ne partirait qu'avec son fils, ou qu'elle ne partirait pas ! Quand je pense qu'elle avait raison...

- Oui, j'avais raison. Aujourd'hui, je vais m'en aller avec mon garçon, pour ne plus revenir. J'étais bien ici, quand même, au milieu de mes souvenirs, sans personne pour me contredire. Mais maintenant, il est temps de s'en fabriquer d'autres, des souvenirs !

C'est sans difficulté que maman obtint une permission, jusqu'au mardi suivant, sous la responsabilité de mon grand-oncle. Mais c'est avec nous qu'elle partit. Tout au long de la route, elle resta silencieuse, sans doute intimidée de ce départ vers l'inconnu. Personne ne disait rien. Enfin, je crois. À moins que pendant que je dormais... Une douce somnolence s'était en effet emparée de moi. Le résultat des petits verres de vin blanc, je suppose. Ce fut la voix de Suzanne qui me tira du sommeil :

- Avec tout ça, je n'ai rien prévu pour manger ce soir.

Maurice répliqua du tac au tac :

- Eh ben on va s'arrêter manger un morceau dans le premier resto qu'on trouve ! Comme ça, on n'aura plus qu'à aller se coucher en arrivant.

Ce fut à Saint-Martin d'Auxigny qu'on fit une pause. Afin de rompre la gêne qui s'installait, Suzanne, encore elle, anticipa notre arrivée :

- Vous prendrez la chambre de Mireille, madame Bourry, puisqu'elle partage celle de... d'Amédée !

Ma mère esquissa un sourire :

- Appelez-moi Marie, s'il vous plaît... Je n'ai plus l'habitude des « madame ». Là-bas, tout le monde m'appelait Marie. Vous avez l'esprit large, dites donc !

- Oh, ce n'est pas ce que vous croyez ! Votre fils faisait de tels cauchemars quand il dormait seul qu'on a essayé de les atténuer en laissant Mireille lui tenir compagnie. Bon, ça n'a peut-être pas fonctionné parfaitement, mais au moins quand il se réveillait en sursaut, elle était là pour le rassurer.

- Je comprends.

Le reste du dîner se déroula quasiment dans la bonne humeur. Si on savait ce qui nous attendait dans les jours qui allaient suivre, on essaya au moins pour l'instant d'en faire abstraction. C'est que le curé avait tout planifié. Il avait été convenu qu'on se retrouverait tous dès le lundi matin devant le commissariat central de Bourges. C'était de là qu'on allait tout mettre à plat, puisque c'était la police municipale de Bourges qui avait été chargée d'identifier les restes de Gina. C'était ce point de l'histoire qui le tourmentait le plus, le curé. Il ne pouvait pas admettre qu'une âme chrétienne ne reposât pas en paix. Il avait élaboré toute une stratégie d'approche, et nous l'avions tous approuvée. Moi avec quelques réticences, mais puisqu'il fallait en passer par là...

Une fois repus, nous rentrâmes à Aubigny et chacun partit se coucher. Suzanne avait installé maman dans la chambre de Mireille, comme convenu. J'allai lui souhaiter une bonne nuit, lui promettant que le lendemain, on parlerait beaucoup plus longuement. J'avais tant de choses à lui demander ! Je devais quand même avoir l'air un peu inquiet, parce qu'elle me dit avant que je sorte :

- Ne t'inquiète pas, Amédée, ça va aller !

De retour dans ma chambre, Mireille était déjà dans le lit. Elle m'attendait avec un large sourire :

- Quelle journée, hein ?

Elle semblait heureuse de la tournure des évènements. Devant mon mutisme, elle insista :

- Quelque chose ne va pas ?

- Je ne sais pas... Après tout, je suis arrivé à ce que je voulais, hein ? Savoir qui j'étais, d'où je venais... Mais il reste tellement de zones d'ombre !

- Ne t'en fais pas, tout va s'éclaircir, maintenant ! Moi, je suis contente de savoir qui je vais épouser, vraiment... Monsieur Amédée Bourry !

Elle m'embrassa longuement et me prouva ce soir-là qu'elle serait toujours à mes côtés, qui que je sois.

XX

Au réveil, ce matin-là, j'étais impatient de retrouver ma mère. J'avais sans le vouloir tiré Mireille de son sommeil. Elle se blottit contre moi en demandant :

- Alors, tu as fait de beaux rêves ?

Oui, j'avais fait de beaux rêves, mais j'en réservais la primeur à maman. Le vieil homme était revenu avec son violon. Et cette fois, il était clair qu'il m'apprenait les rudiments de son instrument. Je me contentai de répondre :

- Oui... très beaux ! Je t'en parlerai tout à l'heure. On va réveiller ma mère ?

- Si tôt ? Tu n'as aucune pitié, toi !

Elle avait proféré ça en souriant, mais je sentais un fond de reproche dans ses paroles. On sortit discrètement pour aller vers sa chambre quand nous fûmes alertés par des murmures dans la cuisine. À pas de loup, on se rendit dans l'embrasure de la porte. Suzanne et Marie discutaient devant un café fumant. À voix basse, pour ne déranger personne. Dès qu'elles nous virent, elles se turent. En finissant d'entrer, je dis sur le ton de la plaisanterie :

- Alors, les mamies, on complote ?

Elles rougirent toutes les deux, et Suzanne nous invita à prendre place autour de la table. Après avoir trempé les lèvres dans mon café, je posai la question qui me turlupinait depuis si longtemps :

- Dis-moi, maman, je rêve souvent d'un petit gamin et d'un vieil homme qui joue du violon, ça t'inspire quelque chose ?

- Eh bien, si le gamin c'est toi, le vieux doit être défunt Mimile Faure... Vieux, il ne l'était pas tant que ça ! Mais avec tout ce qu'il avait avalé, ça lui pendait au nez de finir comme ça ! Il faut dire qu'il était de toutes les fêtes, dans le canton. Dès qu'il se passait quelque chose, on faisait appel à lui. Tout seul ou avec ses copains. Il faisait partie de plusieurs groupes : la fanfare de Sancoins, où il jouait de la flûte, un orchestre de bal musette, où il jouait aussi bien de l'accordéon que du violon, et une troupe de bourrée berrichonne. Le reste du temps, il travaillait plus ou moins comme journalier, mais consacrait le plus clair de son temps à la musique. C'est un peu à cause de lui, tout ce qui est arrivé !

- Qu'est-ce que tu veux dire ?

- Je veux dire que toi aussi, dès que tu pouvais faire sortir un air de quelque chose, tu ne t'en privais pas. Ta première flûte en plastique t'a fait de l'usage. Alors le jour où tu es revenu du marché avec la belle en bois, tu ne l'as plus quittée ! La première fois qu'on a vu le Mimile, c'était aux feux de la Saint-Jean, en 45. Il y avait un monde fou, tu penses : six ans qu'ils n'avaient pas eu lieu, six ans sans fête ! Des drapeaux français et américains fleurissaient partout, et le vin coulait à flots ! Si ton père passa son temps avec ses copains à la buvette, toi tu n'avais d'yeux que pour le Mimile et son violon. Il s'en est vite rendu compte, et s'est approché de nous. Il t'a examiné les mains et m'a simplement dit que tu étais fait pour devenir un grand musicien. Il m'a proposé ce jour-là de t'apprendre les rudiments du violon. Devant mes hésitations, il a précisé que ce serait pour rien, juste pour le plaisir de partager. Il était comme ça, le Mimile.

C'est grâce à lui que tu as intégré la fanfare de Sancoins. Grâce à lui encore que tu as passé l'audition du conservatoire, à Paris. C'est qu'il connaissait du monde, le Mimile, mine de rien ! Quand tu es parti à Paris, tu n'avais que quatorze ans. Nous, avec ton père, on n'était pas plus rassurés que ça. C'est le Mimile, encore, qui nous a réconfortés en nous disant : « Vous en faites donc pas ! Il va tracer son chemin, le p'tiot ! Il est déjà ben meilleur que moi ! » Il avait raison. À dix-sept ans, tu étais premier prix du conservatoire de Paris. La suite, tu la connais, je pense.

Si je connaissais la suite... Oui, enfin, vaguement. J'avais, en cet instant d'évocation, un regret. Je n'arrivais pas à revoir clairement mon père. Pourtant, j'avais l'impression qu'il avait été un exemple pour moi. Un modèle, même, sûrement. Me voyant plongé dans mes réflexions, maman demanda :

- Après, tu te souviens, hein ? Non ? Tu sais, moi, une fois que tu as été à Paris, je ne peux te raconter que les vacances, où tu revenais à la maison. Tu étais heureux de revenir. Tu ne lâchais pas ton père d'une semelle...

- Justement ! Papa, je n'arrive même pas à revoir son image... Je ne sais pas à quoi il ressemble. Et ça m'obsède.

- Attends !

Elle disparut quelques instants pour revenir avec un vieux portefeuille d'où elle sortit trois photos jaunies. Sur la première, ils étaient tous les deux, le jour de leur mariage. C'était un bel homme, mon père. Grand, brun, l'allure altière, un doux visage souriant. Sur la suivante, le portrait laissait voir encore plus de douceur dans le regard. Contraste saisissant avec sa mâchoire carrée. Une force sereine se dégageait de cette photo. Sur la troisième, il était avec l'enfant de mes rêves... Avec moi, quoi ! Il m'entourait les épaules à la sortie de l'église. J'avais un beau brassard blanc brodé à la manche de mon costume. Sans doute le jour de ma communion. C'est celle-là qui me fit monter une larme à l'œil. M'essuyant d'un revers de manche, je me contentai de murmurer :

- Merci !

Le reste de la journée se passa tranquillement, sous la tonnelle de la terrasse, à écouter ma mère nous raconter mon enfance. Vers cinq heures du soir, nous reçûmes la visite d'Ernest et de sa femme. On lui narra les dernières nouvelles. Si sa femme paraissait ravie de la tournure des évènements, lui semblait bouder un peu. Quand je lui demandai ce qui le chiffonnait, il répondit avec du regret dans la voix :

- Oué... J'sens ben qu'tu vas pas rester avec nous ! Fini les belles parties de pêche ou les rigolades à l'atelier !

- Pourquoi ? Tu penses que je vais partir ? Vous oublier ?... Bon, c'est vrai que c'est une de mes spécialités, oublier. Mais pas vous, ici. Déjà, je ne sais pas moi-même ce que je vais devenir. Mais rassure-toi, au moins pour les parties de pêche, il y en aura d'autres !

- Ah bon...

Ils restèrent dîner avec nous. La soirée s'acheva assez tard : tout le monde étant en vacances, l'heure avancée ne dérangeait personne. Ce n'est qu'une fois dans notre chambre qu'une peur panique commença à me saisir. Je m'en ouvris à Mireille qui me rassura du mieux qu'elle put. Mais mon appréhension subsistait. Je pensais au lendemain, au rôle que je devrais jouer au commissariat. En théorie, le plan du curé avait l'air parfait, mais ce n'était pas lui qui allait s'y coller ! Je réussis néanmoins à m'endormir tard dans la nuit.

Le lendemain matin, Mireille m'éveilla en douceur :

- Il faut qu'on se lève, mon chéri. Une longue journée nous attend !

La réalité me sauta au visage dès que j'ouvris les yeux. C'était surtout pour moi qu'elle serait longue.

Comme convenu, nous nous retrouvâmes tous dans une brasserie à Bourges, devant un café. Il y avait là, outre nous cinq, le curé de Saint-Aignan et mon grand-oncle qui avait cru bon de sortir son costume du dimanche. Avant qu'on se dirige vers le commissariat, le prêtre me répéta avec minutie les consignes relatives à son plan d'attaque. Il pensait que sa stratégie était la meilleure pour être rapidement reçus par le commissaire, ou au moins par un inspecteur. Quand je poussai la porte du poste de police, une vilaine sueur perlait à mes tempes. Timidement, je m'avançai jusqu'au planton :

- Bonjour monsieur. Je voudrais déposer une plainte.

Il leva un sourcil, et sans me répondre directement, il cria :

- Pierrot, quelqu'un pour toi !

Puis il me sourit, et enfin me répondit :

- Mon collègue arrive. Si vous voulez patienter...

Les six autres étaient restés alignés en rang d'oignons, obstruant presque la porte d'entrée. Le planton me demanda :

- Ils sont avec vous ?

- Oui...

Il avait l'air ennuyé. Il leur conseilla d'aller s'assoir sur les deux bancs du couloir. Enfin, une porte s'ouvrit, et un jeune brigadier en uniforme m'invita à le suivre avec un sourire qui se voulait rassurant. Il me fit assoir et prit place derrière son bureau, face à sa machine à écrire :

- Vous voulez donc déposer une plainte, monsieur... monsieur... ?

- Bourry... Amédée Bourry. Oui, je veux déposer plainte pour agression.

- Bien. Je vous écoute... Quand a eu lieu cette agression ? Cette nuit ?

Il faisait les questions et les réponses. Je pensai que d'ici peu il me laisserait parler :

- Non. Le 24 juin au soir...

- Et c'est seulement maintenant ?

- Attendez... Le 24 juin 1962 !

Son sourire avait instantanément disparu :

- Vous vous foutez de ma gueule ?

- En ai-je l'air ?

- Euh... non. Je vous écoute.

Il n'avait pas encore mis de feuille de papier dans la machine, mais s'était simplement calé contre le dossier de sa chaise et me fixait droit dans les yeux. Il devait sans doute attendre de voir si ma plainte était recevable, s'il n'avait pas affaire à un quelconque affabulateur, voire à un plaisantin. Je commençai :

- Donc, ce fameux soir, je venais de Paris au volant de ma voiture pour me rendre en congé chez mes parents quand j'ai cru reconnaître deux amis au bord de la route. Je me suis arrêté. C'étaient bien eux, qui me racontèrent être tombés en panne de voiture dans le village précédent. Ils me dirent encore qu'ils venaient me rejoindre dans mon village pour me faire une surprise. Après quelques kilomètres, je décidai de m'arrêter sur les conseils de Roger pour remettre la capote de la voiture. Le temps devenait menaçant et la nuit commençait à tomber. Alors on s'est garés...

- Et ça s'est passé où, tout ça ?

- Je les ai ramassés sur la Nationale 7, au sud de Montargis, et on s'est arrêtés au lieu-dit « La Bifurcation ».

- À la Bifure... C'est pas chez nous qu'il fallait venir porter plainte... C'est même pas dans le département ! Je ne peux pas...

- Non ! Attendez...

- Non, vous, attendez !

Il décrocha son téléphone :

- René, tu peux venir cinq minutes ?

Il avait à peine raccroché qu'un homme massif s'encadrait dans la porte :

- Oué ?

- Entre, René... Je vous présente l'inspecteur-chef René Lagarde.

Je me retournai vers lui avec un sourire. Il me tendit une main que je m'empressai de serrer et dit :

- On s'est pas déjà vus quelque part ?

Je fis mine de réfléchir, puis :

- Sûrement en photo dans votre commissariat. À la rubrique « Recherche dans l'intérêt des familles », ou personnes disparues, si vous préférez.

Pour ce qui était de l'intérêt, j'avais piqué le sien au vif. Il tira à lui une chaise et s'installa à côté de moi :

- Allez-y, on vous écoute ! Mais reprenez du début...

- Voilà : je m'appelle Amédée Bourry et je viens ici pour...

- Amédée Bourry ? Comme le gars qu'a cramé dans sa bagnole il y a quelques années ?

Je souris candidement :

- C'est moi... Et je n'ai pas cramé ! Enfin, pas entièrement...

Il me détailla de la tête aux pieds :

- Mais comment ? J'ai vu les deux corps, à la morgue. On a même été chargés de l'identification, à l'époque. Vos parents vous ont reconnu...

- Non ! Mes parents ont reconnu ma voiture, et quelques objets m'appartenant. Ensuite, vous leur avez présenté un squelette racorni par les flammes, qui correspondait à mes mensurations. Jamais ma mère n'a voulu admettre, d'ailleurs ! Mais laissez-moi vous raconter.

Plus j'avançais dans mon récit, plus l'attitude des deux pandores évoluait. L'inspecteur-chef avait croisé les jambes en se penchant vers moi et avait posé son menton au creux de sa main. Le brigadier avait posé ses deux coudes sur la table et buvait du petit lait en m'écoutant. Quand j'en arrivai à la fin de l'agression à la Bifure, je leur dis que s'ils voulaient en savoir plus sur mes quatre dernières années, ils devraient auditionner les gens qui m'attendaient dans le couloir, parce que pour moi, c'était encore le black-out total. Le premier à réagir fut l'inspecteur Lagarde :

- C'est bien joli, tout ça, mais comment se fait-il qu'on ne vous ait pas identifié avant ?

- Comment ça ?

- Avec les moyens dont on dispose : empreintes digitales, dentaires...

- Je ne sais pas si vous avez remarqué, mais...

En disant ça, j'avais ouvert les mains. Je pus lire en cet instant l'effroi dans leurs yeux :

- La vache ! Évidemment...

Je renchéris :

- Quant aux empreintes dentaires, j'avais une dentition parfaite. Jamais aucune carie dans ma jeunesse. Juste une visite de contrôle de temps en temps, alors... De plus, pour vous, tous services confondus, j'étais mort !

- Bien sûr... Il y a quand même encore certaines incohérences, dans cette histoire. Pourquoi ne sont-ils pas partis directement de Paris avec vous, les deux autres ? Et comment pouvaient-ils être sûrs que vous vous arrêteriez ?

- J'y ai réfléchi, figurez-vous. Ils ne pouvaient pas partir de Paris avec moi. Je suis connu, dans mon quartier. Trop de témoins les auraient vus embarquer. Et s'il n'y avait eu que Gina... Mais Roger, je ne suis pas sûr que j'aie accepté de l'emmener. Non, leur plan était bien prémédité. Je suis sûr que Michel avait revu Gina, et qu'il l'avait informée que je la cherchais. Elle a dû jouer là-dessus. Là où je les ai ramassés, ils étaient visibles de loin, en rase campagne. Je ne pouvais que les voir. Pas de témoins, en plus, à part les voitures qui passaient. Qui se soucie de quelqu'un qui prend des auto-stoppeurs ? Bien sûr que j'aurais pu ne pas m'arrêter, mais je l'ai fait. Elle me connaissait bien, Gina !

- Tout ça se tient... Il y a encore une chose qui me fait sourciller: Pourquoi sont-ils descendus vers Bourges au lieu de continuer sur la 7 ?

- Là aussi, j'ai réfléchi. J'y ai vu deux raisons. La première, un peu tirée par les cheveux, c'est que bien qu'étant italienne, Gina ne rêvait que d'Espagne. Quand vous êtes à la Bifure et que vous voulez descendre en Espagne, vous ne continuez pas vers Nevers. Vous essayez de rejoindre la route de Bordeaux, soit par Bourges, soit par Châteauroux. Mais je ne pense pas que ce soit ce qui les a décidés à poursuivre par là. Je pense plutôt que c'est Roger, en bon truand qu'il était, qui a décidé de la route. Il savait très bien qu'il risquait beaucoup moins d'être contrôlé sur les routes de traverse que sur la Nationale 7. Peut-être même avait-il déjà trouvé un acheteur pour ma voiture, dans cette direction ?

- Ouais... La deuxième explication me semble la plus plausible... En venant ici ce matin, que souhaitiez-vous qu'on fasse pour vous ?

- Ce que je souhaite ? Mais je veux que tout rentre dans l'ordre ! Récupérer mon identité, d'abord. Et puis débarrasser mon père de cette compagnie indésirable ! Donner enfin une sépulture décente à Gina. Que sais-je, encore !

- Pour votre copine, ne vous en faites pas... Elle repose à Paris, auprès de sa mère.

- Hein ?

- Oui... Peu de temps après... votre enterrement, un jeune homme, un Parisien, est venu la reconnaître. Il nous a dit qu'il était un de vos amis, et qu'il savait qui était la jeune femme...

- Michel !

- C'était bien son prénom.

- Mais pourquoi la presse n'en a pas été informée ?

- Pour quoi faire ? L'affaire était résolue, pour nous. Pas besoin d'alerter tout le pays !

- Bon. Et pour le reste ?

L'inspecteur se racla la gorge :

- Là, ça ne va pas être simple. Il faut que j'alerte tous les services compétents. À commencer par le tribunal. Il faut que je prenne conseil. C'est que je n'ai jamais été confronté à une telle situation, moi !

- Vous avez bien un commissaire, ici ! Il doit savoir, lui ?

- Pourquoi saurait-il plus que moi ? Il ne sort jamais de son bureau. Écoutez, je vais quand même l'en informer, bien sûr. Le mieux serait que vous repassiez en début d'après-midi. J'en saurai un peu plus.

- Ça risque d'être long ? Parce que je me marie dans quinze jours, moi !

- J'en sais fichtre rien ! Revenez à deux heures, je vous dis !

L'invitation était claire. Il fallait que je parte. Je me suis levé et suis sorti sans autre forme de procès.

XXI

Dès qu'ils me virent réapparaître dans le couloir, les six se ruèrent sur moi comme un seul homme. Les questions fusaient sans que je n'y puisse rien comprendre. Je les douchai d'une seule phrase :

- Il faut revenir à deux heures !

Pratique, Maurice posa la bonne question :

- Qui qu'on fout, en attendant ?

Le curé donna la solution :

- On va manger un morceau par là. Je vous invite !

On trouva facilement une brasserie au plat du jour avenant et abordable. En attendant d'être servis, je leur narrai par le menu mon entretien avec les deux policiers. Tous admirent qu'il était normal que la situation ne se résolve pas d'un coup de baguette magique. À la fin du repas, ce fut au tour de mon grand-oncle d'intervenir :

- Bon, il faudra qu'on aille voir le juge des tutelles. Et le notaire à Sancoins, aussi.

Le curé objecta :

- Pour le juge des tutelles, d'accord. Mais pour le notaire, il faudra attendre qu'Amédée retrouve un statut légal.

Je me permis d'intervenir :

- Pour quoi faire, le notaire ?

- C'est maître Bidault, à Sancoins, qui gère votre patrimoine.

- Patrimoine ?

- Eh bien oui. En accord avec ta maman, on a vendu la ferme des Mornes...

Tout en parlant, il farfouillait dans son vieux cartable :

- Et puis il reste les terres non attenantes que ton papa avait acquises au fil des années. Celles-là sont en location. En plus, on a aussi vendu ton appartement parisien... Avec maître Bidault, on a essayé de faire fructifier tout ça, si bien qu'aujourd'hui vous êtes à la tête d'un joli petit matelas. Attends... Un peu plus de soixante millions.

- Hein ?

- Ah oui, excuse-moi ! Six cent mille francs, si tu préfères.

- Quand même !

D'un seul coup, Mireille me regarda différemment. Une certaine méfiance passa dans son regard. Je tentai de la rassurer :

- Ne t'en fais pas, ça ne changera rien pour nous ! Je serai toujours avec toi.

Comme pour s'en persuader, elle se rapprocha de moi et enserra mon bras avec une douce fermeté. Ma mère, elle, n'avait pas bougé. Elle semblait abasourdie par l'énormité de la somme.

Après un café accompagné d'un petit digestif bienvenu, nous reprîmes le chemin du commissariat. Dès notre entrée, le planton m'indiqua que j'étais attendu dans le même bureau que ce matin. Il m'accompagna, toqua à la porte et me laissa entrer. Ils étaient trois, maintenant. L'inspecteur Lagarde me présenta le nouveau venu comme le commissaire Lauret. Ce dernier daigna décoller les fesses de sa chaise pour me serrer la main. Il était encore plus massif que son inspecteur, et le vin rouge lui avait donné un teint en accord avec sa boisson favorite. Il m'invita à prendre place, croisa ses mains sur le bureau et attaqua :

- Si votre histoire est inouïe, elle n'en est pas moins réparable. Aussi étrange que cela puisse paraître, et malgré la rareté de ce qui nous occupe, le cas s'est déjà présenté à plusieurs reprises. Enfin, pas tout à fait, mais presque. Disons que dans les affaires précédentes, on n'avait pas de corps. Le dernier en date remonte à quelques années, maintenant. Un prisonnier de la dernière, déclaré mort, inscrit au fronton du monument de sa commune, est réapparu comme par enchantement. Il était en Russie... Pour vous, les démarches seront les mêmes. Il faudra juste qu'on entende les différents témoins de cette surprenante affaire.

- Ils sont dans le couloir ! Et pour la suite, que devrai-je faire ?

- On va s'occuper de tout, ne vous en faites pas. Le seul problème qui me préoccupe, c'est que vous étiez quand même une célébrité, dans votre genre.

- Et ?

- Eh bien, quand la presse va apprendre ça...

- C'est obligatoire ?

- Non... Enfin, pas de notre fait. Mais il va bien falloir que vous rentriez chez vous. Et puis, quand on va exhumer le corps qui n'est pas le vôtre, les gens vont se poser des questions, non ? Êtes-vous prêt à affronter tout ça ?

- Je ne sais pas... Il faudra bien ! Et pour Roger, vous avez retrouvé son identité ?

- Oui, sur les éléments que vous nous avez communiqués ce matin. Roger Beliard, petit délinquant fiché et recherché pour purger une peine de prison... depuis mai 62. Nos collègues parisiens pensaient qu'il avait réussi à fuir à l'étranger.

Le reste de l'après-midi fut occupé à l'audition de chacun de mes témoins. À tour de rôle, ils passèrent dans le bureau de l'inspecteur. Pendant ce temps, on me fit remplir un tas de documents administratifs qui se finissaient tous par « Je certifie sur l'honneur ». Vers cinq heures, alors qu'on s'apprêtait à prendre congé, j'eus l'idée. Celle qui pouvait m'éviter bien des déboires. Au lieu de saluer le commissaire et de partir, je lui demandai s'il pouvait m'accorder cinq minutes en tête-à-tête. Surpris - mais il n'en était plus à ça près aujourd'hui -, il m'invita à le suivre. Une fois installés dans son bureau, je lui exposai mon idée. Il me regarda comme s'il me découvrait. Il se contenta de me répondre en décrochant son téléphone :

- Pas bête !

Il demanda un premier numéro, parlementa quelques minutes, raccrocha, puis fit la même chose avec le second coup de fil. Ensuite, il m'invita à attendre en précisant que ce ne serait pas long. Pour patienter, il sortit deux petits verres et une bouteille de cognac du placard derrière son bureau. Au deuxième verre, on toqua à la porte. Deux hommes se présentèrent dans l'encadrement. Le premier, dans la force de l'âge, grand, athlétique, le cheveu en brosse grisonnant et la moustache soigneusement taillée, me regarda sans rien dire. L'autre, plus jeune, plus chétif, avec de fines lunettes cerclées d'or, me salua d'un simple « Bonjour monsieur ». Le commissaire les invita à s'assoir, puis, sans préambule, dit :

- Amédée, je vous présente les directeurs respectifs du Berry Républicain et de La Nouvelle République... Messieurs, je vous présente Amédée Bourry !

Le plus jeune fut le premier à réagir :

- Amédée Bourry ? Vous voulez dire le musicien ? Mais il a été victime...

Le commissaire le coupa :

- Oui, il a été victime. Mais pas de ce qu'on pensait.

Le plus âgé des deux hommes se contenta de dire :

- Ah ben ça alors !

Le policier poursuivit, en demandant qu'on ne m'interrompe pas :

- Allez-y, Amédée, racontez !

Pour la énième fois, je dus narrer mon histoire depuis Paris jusqu'à l'accident sur la route de l'étang du Puits. Sans plus entrer dans les détails, dans les grandes lignes. Dès que j'eus terminé, le plus vieux des deux s'exclama :

- Vous nous aviez parlé d'affaire exceptionnelle... Pour être exceptionnelle, elle l'est !

Le plus jeune renchérit :

- C'est bien plus que ça ! C'est tout simplement inouï ! Incroyable !

Je les voyais déjà rêver à de gros titres sensationnels à la une de leur canard. Je dus tempérer leur ardeur :

-Messieurs, je vous vois venir. Si j'ai demandé au commissaire Lauret de vous inviter à venir, c'est justement afin d'éviter un trop grand battage médiatique. Je sais très bien que nous ne pouvons pas vous interdire de faire votre travail, mais si nous arrivons à nous mettre d'accord sur la forme, je vous en serais très reconnaissant !

- C'est-à-dire ?

- Eh bien voilà : enfin, si vous le voulez... j'aimerais déjà ne pas faire la une. Ensuite, un simple article en page « Faits divers », en relatant juste la situation, sans faire dans le sensationnel, et sans titre tapageur. N'oubliez pas que je vous donne l'exclusivité de l'information.

Les deux hommes se regardèrent, et de concert acceptèrent mes conditions. Sur ma lancée, je me permis d'ajouter :

- Une autre faveur encore, messieurs.

Cette fois, à leur mine, je compris que je commençais à les agacer. Tant pis. Il fallait que j'aille au bout de mon idée :

- J'aimerais que vous insistiez un peu sur le fait que je ne suis absolument plus capable d'exercer mes talents de musicien au vu du lourd handicap laissé par mon agression. Vous pouvez même parler de mes mains, les photographier si vous voulez. Ce sera la seule photo que je vous autoriserai à publier, d'ailleurs !

Comme ils ne réagissaient pas, j'en profitai pour continuer :

- Une toute dernière chose, cependant... À aucun moment je ne veux voir une allusion à mon lieu de résidence actuelle, ou à mes nouvelles occupations. Il vous suffit de dire que je vis paisiblement dans une petite ville de Sologne. Les gens sauront bien me trouver assez tôt.

Le plus jeune osa un trait d'humour amer :

- Ce sera tout ?

Sur le même ton badin, je rétorquai :

- Pour l'instant, oui.

Ils firent quand même la photo autorisée. On discuta encore quelques minutes de petits détails, puis ils prirent congé. Enfin, je remerciai chaleureusement le commissaire Lauret, et rejoignis les autres qui m'attendaient encore assis dans le couloir. Quand ma mère me demanda ce que j'avais fait, je leur expliquai l'entrevue avec les deux hommes de presse. Le curé, qui m'avait plus ou moins soufflé cette idée pendant le repas, me dit :

- Tu as pris les devants, ça devrait suffire.

Moi, tant que je ne verrais pas de mes propres yeux, je resterais septique :

- Espérons. Et attendons. Je me méfie de ces gens-là !

Chacun rentra chez soi. Nous devions tous nous tenir au courant de la suite des évènements. Ce soir-là, chez mes beaux-parents, nous pûmes enfin parler d'autre chose. De mariage, entre autres. Et de ce que je comptais faire, après. Maurice s'inquiétait de savoir si j'allais revenir à l'usine. Je ne lui répondis pas directement. J'avais bien une autre idée, mais il fallait d'abord que j'en parle à Mireille. Enfin, cette nuit-là, après lui avoir exposé mon projet, nous nous endormîmes sereins, et je ne me souviens pas avoir rêvé.

Le lendemain, nous nous ruâmes à la Maison de la Presse. S'ils avaient plus ou moins tenu leur parole quant au contenu de l'article, les responsables des deux journaux régionaux avaient un peu dérogé sur l'emplacement et l'importance de leurs articles. Ils avaient dû se concerter après pour le publier sur une demi-page en page 3. Bien sûr, comme convenu, il n'y avait que la photo de mes mains. Évidemment, comme promis, ils ne faisaient pas cas de ma nouvelle identité. Ils avaient surtout insisté sur l'exceptionnel concours de circonstance au moment des faits, et sur toutes les démarches administratives et juridiques qu'il me faudrait subir pour retrouver l'intégrité de mes droits. Mireille, après avoir lu, me sourit :

- C'est bien, non ? Ils ont respecté tes désirs.

- Oui, si on veut... Mais toute une demi-page en début de journal, c'est un peu trop, je trouve. Je suis sûr que ça va réagir !

- Ils ne pouvaient pas faire moins, je pense. Il faut juste qu'on se prépare, maintenant, à vivre une semaine agitée...

Comme je m'y attendais, Suzanne nous interpella dès que nous eûmes franchi le portillon de la cour :

- Jean... Amédée ! Il faut que je m'y fasse... Le curé a téléphoné. Il avait l'air catastrophé ! Et puis après, il y a ton oncle qui a appelé, aussi. Il a dit qu'il fallait aller voir le juge des tutelles jeudi matin, et qu'après il avait pris rendez-vous chez le notaire ! Je lui ai passé ta maman.

Ma mère s'était installée à la terrasse. Elle avait l'air heureuse. Après l'avoir embrassée au passage, je me dirigeai vers le téléphone et composai le numéro du presbytère de mon village. Dès qu'il eut décroché, je sentis un fond d'angoisse dans la voix du vieux prêtre.

- Amédée ? Ce serait bien que tu viennes ici, à Saint-Aignan. Ou au moins à Sancoins. C'est la panique, ce matin. Mon téléphone n'arrête pas de sonner !

- Pourquoi ?

- Devine ! Les gens lisent le journal de bonne heure, chez nous, et la mairie n'est jamais ouverte le mardi. Alors, à qui s'adresse-t-on, à ton avis ? À ce bon vieux curé ! Mais attends, ce n'est pas tout ! Les Parisiens lisent la presse régionale. Tu ne peux plus te cacher, Amédée !

- Avant qu'ils remontent jusqu'ici... Rien ne peut m'arriver, puisqu'ils ne connaissent pas ma nouvelle identité.

- Avec l'histoire que tu as racontée aux deux autres, ils auront vite fait de te trouver.

Il suffit qu'ils relisent la presse de l'époque.

- Mais non ! La presse dont vous parlez n'a jamais dévoilé ma nouvelle identité. Après les appels à témoins avec ma gueule cassée, elle a arrêté de se préoccuper de mon cas. Ils ne me retrouveront pas !

- Mais il va bien falloir que tu reviennes ici. Chez le notaire, déjà. Et pour l'exhumation...

- Ah ça, je n'y assisterai pas ! Maman non plus, d'ailleurs.

- Bon, c'est comme tu veux. Mais que vais-je bien pouvoir leur répondre, à tous ?

- Dites-leur que je viendrai... plus tard ! Quand les choses se seront tassées. Ils vont vite passer à autre chose. Dites-moi, mon père, pour le notaire, on a rendez-vous jeudi. Là, il faut que je trouve une solution. N'auriez-vous pas une idée ?

- Si, j'en ai bien une... Diffère-le, le rendez-vous. Le mieux serait que tu l'appelles et que tu fasses transférer tes affaires chez un notaire d'Aubigny. Ils s'arrangeront bien entre eux !

- Je n'y avais pas pensé ! Merci mon père !

- De rien. Prends soin de toi, Amédée. Et à bientôt, j'espère !

- Ne vous en faites pas. Vous aurez bientôt de mes nouvelles !

Dès que j'eus raccroché, je fis part à tous de notre conversation. Il était temps aussi de dévoiler nos projets à la famille. Il était clair qu'après le mariage, on ne pourrait pas rester vivre ici. Après m'avoir laissé parler dans un silence absolu, les langues se délièrent. D'abord Suzanne, au bord des larmes :

- Vous ne partirez pas trop loin, quand même ?

Mireille vint à son secours :

- Mais non ! Juste dans une ville où personne ne nous connaît. Amédée a sa petite idée, déjà !

Maurice tonna :

- Eh ben qu'il le dise, nom de Dieu !

Je le calmai en répondant doucement :

- Il faut d'abord qu'on aille voir si c'est possible. Et j'en ai deux, des idées. Dès qu'on aura choisi, on vous dira. Mais aucune des deux villes n'est à plus de deux heures d'ici. C'est juste qu'on n'y a jamais mis les pieds, c'est tout.

Il se renfrogna, mais ne répondit pas. Maman, à son tour, posa la question qui lui brûlait les lèvres :

- Et moi, dans tout ça ?

- Toi ? Tu viens avec nous, bien sûr. Maintenant que je t'ai retrouvée, je ne te lâche plus. Jamais ! D'ailleurs, on va avoir besoin de toi.

À ce moment-là, le téléphone sonna. Suzanne décrocha, puis m'interpella :

- Pour toi, Amédée. C'est le commissaire d'hier.

Je me saisis du combiné. Avant que j'aie pu le saluer, le commissaire tonna :

- Bonjour, monsieur Bourry. Vous avez déclenché un drôle de pataquès ! Le téléphone n'arrête pas de sonner, ici !

- Bonjour, commissaire... Je suis désolé ! J'allais vous appeler, justement...

- Bon. Mais qu'est-ce-que je leur dis, moi, aux deux autres ?

- Qui ?

- Les deux journaleux, tiens ! Ils sont assaillis de coups de fil de Paris. Ils veulent savoir, ces vautours.

- Eh bien qu'ils se débrouillent avec les informations qu'ils possèdent. Tout ça devrait se dégonfler comme un ballon de baudruche. Ils passeront vite à autre chose. On ne peut pas les empêcher de diffuser l'information.

- Mais ils vont vous chercher ! Vous ne les connaissez pas.

- J'y ai réfléchi. Ils n'ont aucun moyen de me retrouver. Ils ne connaissent pas mon nom !

- Vous croyez ça, vous ? Vous vous mariez dans moins de quinze jours, je vous rappelle.

- Justement, c'est de ce sujet que je désirais vous entretenir, ce matin...

Épilogue

Aujourd'hui, tout est rentré dans l'ordre. Enfin presque. Quand j'avais exposé mon problème au commissaire Lauret, au téléphone, il m'avait répondu avec un naturel déconcertant. D'après lui, il ne fallait rien changer, du moins pour l'instant. Avec les lenteurs administratives, il n'était pas question que je puisse me marier sous le nom de Bourry. Il m'avait conseillé de le faire avec mon identité d'emprunt, de façon à respecter la date fixée. C'était exactement ce que je voulais entendre. On s'est donc bien unis à la date prévue. Une cérémonie des plus simples, seulement entourés de la famille de Mireille et de quelques amis, dont Ernest qui me servit de témoin. De mon côté, à part maman, j'avais convié mon grand-oncle, bien sûr, mais aussi le curé de Saint-Aignan.

Avant ça, nous avions vécu quelques jours de tension, avec la crainte de voir débarquer un jour ou l'autre un journaliste informé par quelques personnes mal intentionnées. Le fameux mardi, déjà, mon histoire était relayée dans tous les flashes d'information des radios périphériques. Heureusement, elles ne faisaient que relayer l'article paru le matin même dans les deux journaux régionaux. Le lendemain, mon histoire faisait la une des journaux parisiens. Maurice nous avait rapporté L'*Aurore*, *France Soir* et *Le Figaro*. Si les titres donnaient dans le sensationnel, du style « Le virtuose Amédée Bourry revenu d'entre les morts ! », les articles de la page des faits divers n'en disaient pas plus que ceux de la veille. Malgré tout, je n'étais quand même pas tranquille. J'étais persuadé que beaucoup de gens, ici à Aubigny, avaient compris que c'était bien moi qui alimentait l'actualité. Surtout mes collègues de travail, qui connaissaient mon histoire. Bien que Nénesse veillât au grain, il n'eût pas été impossible que l'un ou l'autre vendît la mèche. Dès le jeudi, nous nous rendîmes chez le juge des tutelles, et maman en ressortit en femme libre de ses mouvements. Puis nous entamâmes les démarches afin de transférer nos affaires chez le notaire des parents de Mireille. Là, aucune fuite n'était possible : les notaires étaient tenus au secret professionnel. Ce n'est qu'en début de semaine suivante que mes craintes réapparurent. Les quelques journaux à bobards, tels *France Dimanche* et *Ici Paris*, avaient mis à la une un vieux portrait qui avait servi à l'époque pour une revue spécialisée. Les titres étaient racoleurs, et les articles en page intérieure échafaudaient des hypothèses toutes plus farfelues les unes que les autres. Heureusement, d'autres évènements vinrent dans les jours suivants alimenter leurs colonnes, et mon « affaire » disparut de leurs pages dans les numéros suivants.

L'appartement qu'on avait entièrement rénové ne nous servit jamais. Nous le rendîmes à son propriétaire en évoquant notre départ pour raison professionnelle. Il fut ravi de récupérer un logement neuf. Nous n'avions cependant pas menti : nous avions envoyé chacun une lettre de démission à Drouard. Ensuite, nous avons travaillé d'arrache-pied à notre projet. Nous avons commencé par choisir notre nouveau lieu de résidence. Après avoir cherché à Montargis sans rien trouver à notre convenance, nous avons arrêté notre choix sur Nevers.

Nous avions trouvé un petit immeuble de trois étages dans un état frôlant l'abandon. Situé en haut d'une rue commerçante, à deux pas de la Porte de Paris, je me pris à le rêver entièrement rénové. Dès lors, il n'était plus la peine d'en visiter d'autres, surtout que Mireille en eut la même image que moi au même instant. On téléphona donc au numéro noté sur la pancarte « à vendre », et la transaction se fit dans la journée. C'est maman qui en fit l'acquisition. Après la visite guidée, j'avais été encore plus enthousiaste. La disposition de la boutique du rez-de-chaussée correspondait exactement à ce que je désirais. Ce devait être une ancienne épicerie. La première pièce était assez spacieuse bien que tout en longueur, et sur l'arrière, une immense surface, assez sombre, devait servir de réserve. Au début, nous avons campé dans l'appartement du troisième, le temps de rafraîchir les deux autres. Maman allait occuper celui du premier et nous celui du deuxième. Puis on s'attaqua à la boutique. Là, on dut faire intervenir quelques professionnels afin qu'elle ressemble exactement à ce dont j'avais rêvé. Enfin, aujourd'hui elle était opérationnelle et j'étais heureux. Presque, devrais-je dire...

Quand Mireille serinait à qui voulait l'entendre qu'on entamait enfin une nouvelle vie, elle ne croyait pas si bien dire. J'en étais à ma troisième, moi, déjà. Et j'étais obligé de la vivre au présent, en ne pensant qu'à l'avenir. Parce que du passé, rien ne me revenait, désormais. Si je m'étais habitué à la présence de ma mère, je n'en avais toujours aucun souvenir. Je sentais que c'était elle, qu'elle m'était devenue indispensable, mais je ne la revoyais pas, ni éveillé, ni endormi. Quant à mon père, je ne ressentais rien à son sujet, même quand maman tentait d'éveiller en moi mes plus jeunes années, ou quand, certains dimanches en fin d'après-midi, nous allions fleurir sa tombe en catimini au cimetière de Saint-Aignan. Je m'étais résigné. Je me contenterais maintenant des souvenirs des autres, puisque mes rêves du jour présent étaient plutôt tournés vers le lendemain...

Peut-être était-ce aussi dû à mes nouvelles occupations qui me prenaient tout mon temps, mais en gardant ma passion intacte. Le matin, c'est moi qui ouvrais le magasin, qui conseillait les clients sur l'achat de tel ou tel instrument, qui en faisait la démonstration, que ce soit une flûte à bec à quinze francs ou un piano à dix mille francs. Et l'après-midi, je laissais œuvrer Mireille. J'étais trop occupé à faire fonctionner l'école de musique que j'avais ouverte dans l'arrière-salle. Les élèves avaient afflué en si peu de temps que je donnais des cours de quinze heures à vingt heures. Assez rapidement, j'avais même réussi à monter un petit orchestre pour écumer les bals des bleds environnants, le samedi soir.

Pour ne pas oublier d'où on venait et ce qu'on avait vécu, Mireille m'avait suggéré qu'on appelle le magasin « Lutherie Jean Baptiste ». J'avais trouvé l'idée amusante.

Et quand un client plus curieux que les autres demandait d'où venait ce nom, Mireille avait trouvé la parade ; elle répondait avec un sourire malicieux :

- Mon mari est un inconditionnel de Lully !

À Saulzet-le-Chaud, le 4 Septembre 2014

Collection Années 60

Hollywood sur Cher, Jean-Claude Fournier
Le Candidat au certif, Gérard Nédellec
Passé composé, Serge Camaille
Un souffle de liberté, Alain Lebrun
Lettre à Bendjebel, un enfant du Lot-et-Garonne dans la guerre d'Algérie, Etienne Huc
L'homme aux yeux de fille, Chérif Zananiri
La demoiselle du téléphone, Michèle Dassas
Le p'tit Berlaudiot, Serge Camaille
Le prince des parquets-salons, Jean-Claude Fournier
Un secret, Serge Camaille

Collection Terroirs de France

La Gitane (Berry -Auvergne-Camargue) Didier Callot
La Braconne (Beauce) Jean-Claude Ponçon
Villevarlanges (Limousin-Loir-et-Cher) J.-B. Renondin
Le fils des Lumières (Berry) Guillaume Trotignon
Les mariés de Tournai (Orléanais - Nord) Gérard Boutet
Tais-toi, Joseph ! (Berry) Serge Camaille
La Folie-Bâton (Berry) Monique Chainet
Un si joli petit village (Berry) Jean-Yves Fontenaille
Alt128 et les grandes oreilles (Sologne) Jean-Claude Ponçon
Le Guépin (Orléanais) Olivier & Yolande Delagrange
Les fruits de l'arrière-saison (Bourgogne) Aurore Py
Les galons perdus (Limousin) Jean-Baptiste Renondin
Mathilde (Limousin) Stéphane Bein
Un taxi de la Marne (Guerre 14-18) Colette Blanluet
Pisseur au vent (Sologne) Chérif Zananiri
L'enfant du Pont du Diable (Berry-Creuse) Alain Lebrun
La cité éphémère (Auvergne) André Boudon-Delmas
La Perdrière (Touraine) Eliane Aubert-Colombani
Le temps des blés (Berry) Guillaume Trotignon
Allons enfants... (Limousin) Stéphane Bein
Tragine, bandit de l'Ariège (Pyrénées) Pierre-Jean Brassac
Les épis mûrs (Berry) Jacky Naubron
Le destin d'Amélie (Sologne) Gérard Bardon
Marie Sorcelle (Berry) Marie du Berry
Désormais tu sauras (Auvergne) André Boudon-Delmas
Les bêtes à pain (Bourgogne) Alexis Boucot
Le recenseur (Berry) Michèle Dassas
Les vignes de l'Exil (trilogie) (Berry) Christian Benz
et Marie-Agnès Bavay-Bezançon
La claie d'Infamie (Beauce) Gérard Boutet
Péri (Nord) Rudi Meunier
Journal d'un sorcier de campagne (Berry et Sologne) Marieke Aucante
Blé dur, blé tendre (Beauce) Jean-Claude Ponçon

Collection Terroir « Classiques »

Jean et Louise par Antonin Duserre
La Cina, un roman pied-noir par Louis Bertrand
La terre qui meurt par René Bazin
La terre qui renaît par Camille Audigier
Le Docteur Herbeau par Jules Sandeau
Le Roi Cottius par Louis Dimier
Une fille de rien par Jules Leroux
Celui du bois Jacqueline par Gaston Chérau
La terre qui vit par Pierre Aguétant
Terres Lorraines par Émile Moselly
Le moulin du Frau par Eugène Le Roy
Le moulin Blant par Émile Dodillon
Le Bouscassié par Léon Cladel
Le moulin de Virelune par Pierre Billaud
Moulins d'autrefois par François Fabié
Folie Mauroy par Roger Duguet
Le Matachin par Max Buchon
Le village, Mœurs paysannes par Léon Deschamps
Le crucifié de Keraliès par Charles Le Goffic
Marie Montraudoigt par Gabriel Nigond
La Folie-Mauroy par Roger Duguet
De la ville au moulin par Marguerite Audoux
Chardonnette par Charles Deulin
Comme va le ruisseau par Camille Lemonnier
La becquée par René Boylesve
La bourrasque par Georges Beaume
Le blé qui lève par René Bazin
L'hortillonne par Léon Devauchel
Les jours aux volets clos par François Barberousse
L'épervier par Hugues Lapaire
Fleuve de sang par Jean-Baptiste Marcaggi
*Le peuple de la mer*par Marc Elder
Léon Chatry, instituteur par Jules Leroux
Le maître du pain par Lucy Achalme
Nêne par Ernest Pérochon
Les Oberlé par René Bazin
Le Village par Henri Bachelin
Le village endormi par Georges Riat
Ma tante Giron par René Bazin
Le Marquis des Saffras par Jules de la Madelène
Pour la terre par Camille Audigier
Ramuntcho par Pierre Loti
Le roman de Jacques Bonhomme, laboureur par Émile Bodin
Voyage avec un âne dans les Cévennes par Robert Louis Stevenson
L'Homme sec par François Barberousse
La bru par Georges Nigremont
Le pain et le blé par Jules Leroux
Le roi des archers par René Bazin
Terroir par Jean Gaulmier

PASSÉ COMPOSÉ
Auteur : Serge CAMAILLE

Directeur de collection : Christophe MATHO
Maquette : Céline LUNEAU

Édition, réalisation : MARIVOLE Éditions
SAS CPE - RCS B 398-382-416
Rue Aristide Boucicaut
41200 Pruniers

Téléphone : 02 54 83 41 41
Fax : 02 54 76 77 98
Courriel : marivole@cpe-editions.com
Site Internet : www.marivole.fr

Imprimé en France par Présence Graphique
Octobre 2015

ISBN 978-2-36575-307-4
EAN : 9782365753074
Dépôt légal à parution